厚德博學
經濟匡時

上海财经大学上海国际金融中心研究院学术成果系列

上海财经大学上海国际金融中心研究院简介

上海财经大学上海国际金融中心研究院（SIIFC）是接受上海市教育委员会的指导与支持，由上海财经大学为主承担建设的高校智库。研究院以国家转型发展和上海经济社会发展中与金融相关的重大战略、重要政策的制定与实施中亟需解决的关键问题为导向，汇聚来自国内外高校、研究机构、政府部门、金融监管部门、金融机构的专家、学者的智慧，为上海国际金融中心建设和发展中的关键、重大问题，以及自贸区建设，上海建设具有全球影响力的科创中心，“一带一路”倡议的实施，金融科技，绿色金融，金融风险监管，金融支持供给侧改革等国家重大战略的实施和联动机制建设提供决策咨询方案、理论依据和科学论证，为政府部门和金融机构提供决策咨询研究和高端培训。

上海财经大学上海国际金融中心研究院牵头联合16家高校21个机构共同做好智库育人工作联合举办全国高校学生“一带一路”征文大赛和同德夏令营，培养中外青年学生的国际视野和家国情怀。

上海财经大学上海国际金融中心研究院宗旨：围绕国家和上海经济社会发展中与金融相关的的重大问题，为上海国际金融中心建设及建设具有全球影响力的科创中心等国家重大战略的有效落实推进，提供高质量的智囊服务。

匡时 金融学文库

民营经济探索与思考

赵晓菊　谈儒勇　范子英　金德环◎等著

Discovery and Thoughts on the Private Sector in China

上海财经大学出版社

图书在版编目(CIP)数据

民营经济探索与思考/赵晓菊,谈儒勇,范子英,金德环等著. —上海:上海财经大学出版社,2019.11

(匡时·金融学文库)

ISBN 978-7-5642-3320-4/F·3320

Ⅰ.①民… Ⅱ.①赵…②谈…③范…④金… Ⅲ.①民营经济-研究-中国 Ⅳ.①F121.23

中国版本图书馆 CIP 数据核字(2019)第 157031 号

□ 责任编辑 杨 娟

□ 封面设计 张克瑶

□ 责任校对 姚 玮

民营经济探索与思考

赵晓菊 谈儒勇 范子英 金德环 等著

上海财经大学出版社出版发行

(上海市中山北一路 369 号 邮编 200083)

网 址:http://www.sufep.com

电子邮箱:webmaster@sufep.com

全国新华书店经销

上海华业装璜印刷厂印刷装订

2019 年 11 月第 1 版 2019 年 11 月第 1 次印刷

710mm×1000mm 1/16 13.5 印张(插页:2) 187 千字

定价:55.00 元

序

民营经济在我国的重要性可用一组数字来说明，其贡献了50％以上的税收，60％以上的国内生产总值，70％以上的技术创新成果，80％以上的城镇劳动就业，90％以上的企业数量。[1]

一段时间以来，社会上有人发表了一些否定、怀疑民营经济的言论。比如，有人提出所谓“民营经济离场论”，说民营经济已经完成使命，要退出历史舞台；有人提出所谓“新公私合营论”，把现在的混合所有制改革曲解为新一轮“公私合营”；有人说加强企业党建和工会工作是要对民营企业进行控制，等等。习近平总书记在2018年11月1日召开的民营企业座谈会上的讲话以一锤定音的方式给这些说法以有力、致命的痛击。此后，一系列扶持民营企业发展的利好政策密集出台，包括化解民营企业股权质押风险，减轻企业税费负担，解决民营企业融资难、融资贵问题，优化营商环境，等。2018年11月8日，中国银保监会主席郭树清公开表示，对民营企业的贷款要实现“一二五”的目标，在新增的公司类贷款中，大型银行对民营企业的贷款不低于1/3，中小型银行不低于2/3，争取3年以后，银行业对民营企业的贷款占新增公司类贷款的比例不低于50％。2019年2月14日，中共中央办公厅、国务院办公厅印发《关于加强金融服务民营企业的若干意见》（以下简称《意见》），要求坚持对各类所有制经济一视同仁，消除对民营经济的各种隐性壁垒，不断深化金融改革，完善金融服务体系，按照市场化、法治化原则，推动金融资源配置与民营经济

---

① 习近平：《在民营企业座谈会上的讲话》，2018－11－01，新华网，http://www.xinhuanet.com/politics/2018－11/01/c_1123649488.html。

在国民经济中发挥的作用更加匹配，保证各类所有制经济依法公平参与市场竞争。《意见》共18条。

可以说，中国的民营经济从来没有像现在这样备受关注，其面临的问题与困难是前所未有的，而如此密集的扶持政策也是绝无仅有的。相信在各项政策落地的春风下，民营经济有望度过"寒冬"，翻越横亘在民营企业面前的"三座大山"：市场的冰山、融资的高山、转型的火山。一时间，"民营企业和民营企业家是我们自己人"[①]，成为社会共识。在扶持、救赎民营企业的过程中，政府保持"竞争中性"是第一要务。按照经济合作与发展组织（OECD）定义，"竞争中性意味着没有商业主体仅仅因为其所有制获得优势（或处于不利地位）"。竞争中性原则的严格遵守意味着为各类所有制企业营造相对公平的市场环境。

本书得到了中静实业（集团）有限公司（以下简称"中静集团"）的资助。中静集团作为我国优秀的民营企业，长期以来一直以实际行动投身于包括教育在内的社会公益事业。上海财经大学上海国际金融中心研究院（以下简称"研究院"）在得到资助后，第一时间组织专家团队专门针对民营经济发展过程中遇到的突出问题与重大挑战进行研究。历经一年多时间，终于形成研究报告，现将这些报告结集成书出版，分享给读者。在此，也对中静集团表示衷心感谢。

赵晓菊、范子英等撰写的报告"国资与民企协同推进PPP规范高效运作"围绕如何调动民营企业参与PPP的积极性这一问题展开研究。主要包括：阐述我国PPP模式的现状和成绩，剖析当前面临的困境；分析国外PPP模式的特征，提炼出可供我国借鉴的经验；分析我国国有企业与民营企业在PPP模式中的联动方式；立足于绿色PPP，分析国外案例及模式，阐述我国绿色PPP模式存在的问题以及绿色金融支持PPP的方式；就如何实现国有资本和民营资本联动提出具体建议。

谈儒勇、赵晓菊等撰写的报告"民营企业参与'一带一路'：金融需求

---

① 习近平：《在民营企业座谈会上的讲话》，2018－11－01，新华网，http://www.xinhuanet.com/politics/2018－11/01/c_1123649488.htm。

异质性与供给匹配度研究”围绕民企参与“一带一路”建设所遇到的金融瓶颈与短板展开研究。主要包括：民企参与“一带一路”建设的方式、现状与问题；民企参与“一带一路”建设对金融服务需求的异质性；现有金融格局与民企需求的不匹配；提升供给和需求匹配度的若干建议。

金德环撰写的报告“混合所有制改革中民企的特征与选择”围绕民企如何有效参与混改展开研究。主要包括：剖析民营企业在混合所有制改革中面临的问题，并探究其根源；根据民营企业的特点，提出在混合所有制改革中可以选择的目标和参与方式；按照民营企业所在行业的差异，选择典型案例，分析其经验教训，为准备参与混合所有制改革的民营企业提供借鉴。

需要指出的是，本书提出的政策建议仅代表作者本人的观点，并不代表中静集团。在全社会都在关注、关心民营经济的当下，出版此书是将我们智库专家与民营经济相关的研究成果与大家分享，亦借此方式希望政府部门、智库专家、学者、金融机构能给予民营企业更多关注与支持。

谈儒勇

上海财经大学上海国际金融中心研究院 副院长

2019 年 2 月 15 日

目　录

国资与民企协同推进 PPP 规范高效运作

赵晓菊　范子英 等[①]

一、序言

（一）中国实施 PPP 的背景和意义

PPP，是英文 Public-Private-Partnership 的缩写，PPP 项目是指政府公共部门（或国有机构）与私营或民营机构之间，为提供某种公共物品或公共服务，以特许权协议为基础，而形成的一种伙伴式的合作模式。通过签署合同来明确各方的权利和义务，确立利益共享、风险共担、全程合作的项目融资与管理模式。提及 PPP 的起源，一般认为其发源于 20 世纪 80 年代的英国，主要应用于道路交通、供排水、教育等公共领域。其实在我国，PPP 也并非新鲜事物，从该模式出现至今，已具有 30 余年的历史。不过，在 2014 年之前，我国 PPP 的发展一直较为缓慢，这与公共服务项目和基础设施建设以政府融资为平台的历史情况有着密切的关系。近年来，我国经济进入增长速度换挡期、结构调整阵痛期和前期刺激政策消化期三期叠加的困境，为了更好地应对这些困难，适应"推动新型城镇化健康发展""加快政府转变职能""发挥市场决定性作用"要求的变革，以及缓

① 该研究报告团队成员包括：赵晓菊，上海财经大学上海国际金融中心研究院院长、教授（项目第一负责人）。范子英，上海财经大学公管学院教授（项目第二负责人）。林辉，上海环境能源交易所董事长。沈晓丰，上海联合产权交易所金融资产交易部高级经理。马文杰，上海财经大学上海国际金融中心研究院副院长、教授。范华，上海环境能源交易所研究与发展中心副主任。韩亦子，上海联合产权交易所金融资产交易部业务主管。闵敏，上海财经大学上海国际金融中心研究院金融实验室主任。杨清菁、华文馨，上海国际金融中心研究院研究助理。唐怡佳、潘识远、葛馨、沈非非、支琪凯，上海财经大学硕士研究生。

解目前存在的“地方政府债务过高”“经济增长放缓”“私营资本进入困难”等一系列问题，PPP 正式从“幕后”走到“台前”，开始发挥其重要作用。

自 2015 年 12 月以来，我国的 PPP 市场持续稳步发展，月成交规模已经超过 1 000 亿元。截至 2017 年 12 月，根据财政部 PPP 综合信息平台项目的公开数据显示，入库的全部项目投资额已经超过 18 万亿元，相比 2016 年 12 月末增长 4.5 万亿元，增长幅度达 133％。我国的 PPP 市场呈现高速有序的发展态势。

1. 我国实施新型城镇化的战略的客观要求

2014 年 3 月，中共中央、国务院发布《国家新型城镇规划（2014—2020）》，提出，“至 2020 年，我国的常住人口城镇化率达 60％左右，户籍人口城镇化率达 45％左右”的目标。2014 年 9 月，我国财政部金融司发布《关于推广运用政府和社会资本合作模式有关问题的通知》，其中明确指出城镇化是现代化的要求，也是稳增长、促改革、调结构、惠民生的重要抓手。立足国内实践，借鉴国际成功经验，推广运用政府和社会资本合作模式，是国家确定的重大经济改革任务，对加快新型城镇化建设具有重要意义。

我国的城镇化建设方兴未艾，根据国家新型城镇化规划预测，至 2030 年，我国的城镇总人口数将达 10 亿。随着城镇人口的不断扩大，人们对高质量、高水平的基础设施和公共服务的需求也将随之上升。仅靠政府来全权负责这些项目的建设及费用是不现实且不可行的。为了更好地辅助新型城镇化的建设，我们需借助于新的投融资体制创新和金融创新——PPP 模式。政府通过 PPP 模式向社会资本开放基础设施和公共服务项目，有利于盘活社会存量资本，提高市场资源的有效配置，同时激发民间投资的活力，拉动经济的可持续增长。在新型城镇化建设的过程中，PPP 模式不仅有利于缓解政府的债务资金压力，也可以有效提升公共服务的质量，分担项目建设的运营风险。

2. 缓解财政压力和规范地方举债的有效举措

地方债务风险一直是影响金融稳定甚至国家安全的重要因素。根据中华人民共和国审计署2013年6月中旬发布的公告，截至2012年底，抽查的36个地方政府本级政府性债务余额38 475.81亿元，其中，政府负有偿还责任的债务18 437.10亿元、政府负有担保责任的债务9 079.02亿元、其他相关债务10 959.69亿元，比2010年增加4 409.81亿元，增长12.94%。同时，我国当前发展进入新常态，经济增速放缓，财政收入增长也随之减速，从2011年的25%下降到2014年的8.6%。一些地方政府的债务甚至超出其财政收入，陷入新债还旧债的恶性循环，易引起破产风险。

针对上述情况，2014年9月，国务院发布《关于加强地方政府性债务管理的意见》，将政府性债务治理列为首要目标，提出赋予政府依法适度举债的融资权限，同时加快建立规范的地方政府举债融资机制。同时，该文件提倡积极推广PPP模式，吸引社会资本参与公益性项目并取得合理回报，既拓宽社会融资渠道，又减轻政府财政压力。该文件的出台对政府举债能力做出一定限制，有利于地方政府举债行为的规范化发展，也有助于地方经济的持续性发展。

在解决地方政府债台高筑、实现政府融资平台功能市场化运作转型、切实防范财政金融风险、促进国民经济健康可持续发展的进程中，推广运用PPP模式可将原来由政府投资建设的基础设施和公共服务项目转变成由政府和社会资本共同组建的项目公司来负责建设。并且通过对政府举债程序和资金用途的严格限定和全口径预算管理可以实现“借、用、还”相统一。[①] 通过PPP模式节约下来的财政资金可以投入到更重要的一些领域，例如国防、社会保障等，有助于提高财政资金的使用效率。

3. 转变政府行政职能的重要推手

在PPP模式推行之前，政府在基础设施建设和公共服务项目等领域往往呈现“一揽子”承担的状态。在项目规划、费用审批、具体建设等过程中，政府均是主导者。这样的情况容易引发政府效率低下、干涉过多甚至

---

① 资料来源：《国务院关于加强地方政府性债务管理的意见》(国发〔2014〕43号文)。

滋生腐败等问题。此前有多起实例，部分地方政府斥巨资打造的项目却因运营过程效率低下，而导致亏损。这不仅浪费了资源，也加重了政府的财政包袱，使得地方债务问题愈发严重。因此，通过 PPP 模式可利用社会资本在建设、经营项目中的丰富经验，一方面降低项目建设的成本，一方面也减轻了政府背负的财政压力。同时可以有效减少政府对微观事务的管控，减少其参与利益环节，提高公共治理水平，构建新的政民和政企关系，最终实现政府、社会资本和公众的多方共赢。

2015 年 5 月，国务院办公厅转发财政部、发改委、央行《关于在公共服务领域推广政府和社会资本合作模式的指导意见》，指出在公共服务领域推广政府和社会资本合作模式，是转变政府职能、激发市场活力、打造经济新增长点的重要改革举措。同时，该文件还表明帮助政府转变职能，实现政企分开、政事分开是 PPP 模式的一大重要意义。

4. 拉动经济增长的关键突破口

近几年，高投资开始触底，拉动我国经济增长的三驾马车—投资、消费、出口出现不同程度的放缓。

我国的投资主要分为三部分：第一，基础设施投资，大约占总投资的 20%至 25%；第二，制造业投资，大约占总投资的 30%及以上；第三，房地产投资，大约占总投资的 25%左右。随着国家对地方债务管控的加强，地方政府在基础设施投资方面的能力受到很大限制，基础设施投资亟须新的资金支持。在房地产投资方面，随着人口老龄化时代的到来，人们购房意愿逐渐下降，房地产行业已迎来拐点，房地产作为拉动内需的引擎的时代已经结束。同时，受国际金融危机的影响，国际市场普遍低迷，我国的国内需求也因此受到影响，产能过剩的现象越来越突出，尤其是在钢铁和煤炭等行业。因此“去产能”作为“三去一降一补”中的关键一项于 2015 年在中央经济会议中被提出，并被要求加快落实。

在出口方面，我国 2015 年对外贸易额出现双降的情况。货物贸易进出口总值 24.59 万亿元人民币，比 2014 年下降 7%。其中，出口 14.14 万亿元，下降 1.8%；进口 10.45 万亿元，下降 13.2%；贸易顺差 3.69 万亿元，扩大 56.7%[①]。2016 年，我国的货物贸易出口继续下降 2%，出口形势仍不乐观。此外，一些国家的贸易保护事件频频发生，我国又经常遭遇全球贸易摩擦，出口企业的信心受到打击。

在消费方面，我国长期处于内部需求低迷的状态，从持续性的角度来看，依靠出口来提高我国的经济增速会使得我国经济增长后劲不足。

因此在我国经济进入新常态，经济增长放缓的大背景下，必须要创造新的增长模式，挖掘新的发展潜力，为我国的基础资产投资寻求新的资金。而 PPP 正是在这样大环境下的新产物，其通过互惠互赢的合作模式，刺激民间资本的投资活力，进而为我国的经济提供新的增长点。

（二）本文的主要结构

本文的主要内容分为以下六个部分：

第一部分从国内相关数据出发，阐明我国 PPP 模式的现状和成绩，深刻剖析当前困境。

第二部分通过分析国外 PPP 模式的特征整理出提炼我国可借鉴的相关国际先进经验。

第三部分从多个角度分析我国国有企业与民营企业在 PPP 模式中发挥联动作用的意义及方式。

第四部分就如何实现国有资本和民营资本联动助力 PPP 模式发展提出相关建议。

第五部分从绿色 PPP 为核心出发，通过分析国外相关案例及模式，阐述我国绿色 PPP 模式目前存在的现象和问题以及绿色金融支持 PPP 的方式。

第六部分将结合上述部分所阐述的现象、问题，就调动民营企业在 PPP 实施中的积极性提出可行的对策和建议。

---

① 资料来源：中华人民共和国海关总署。

二、中国实施 PPP 的现状、成绩和问题

(一)实施 PPP 取得的成绩

1. 规模发展迅速

近年来在中央的支持和各地政府的推动下,PPP 项目的规模发展迅速,无论是项目数量还是金额都有显著地增长。PPP 中心项目库的数据显示,项目库项目最早的发起时间是 2002 年,之后的 10 年时间发展速度缓慢,2002 年至 2012 年平均每年发起的项目数量不到 20 个。2016 年项目金额为 11 260 亿元,年均增长率约为 185%,2013 年为 451 亿元,年均增长率约 192%(见图 1.1)。由此可见,我国 PPP 的发展从一开始的探索、试点,进入到目前的推广、普及阶段,近几年正处于一个高速发展的阶段。根据 PPP 中心公布的最新报告,截至 2017 年 9 月底,我国 PPP 入库项目共 14 220 个,投资总额达 17.8 万亿元,平均一个项目的投资额为 12.5 亿元。其中,纳入管理库(项目处于准备、采购、执行和移交阶段)的项目有 6 778 个,投资额为 10.1 万亿元。总体来看,我国目前 PPP 呈现项目数量多,金额大的特点。

2. 地区、行业分布广泛

PPP 发行地区从早期的个别省份到如今分布全国各地,实现了我国各省全面覆盖,尤其是 2012 年在 PPP 分布省份数量上有较大的跨越(见图 1.2)。根据 PPP 平台最新季报,截至 2017 年 9 月,PPP 的入库项目覆盖全国 31 个省、自治区、直辖市及新疆建设兵团(见表 1.1)。管理库项目数排名前三的省份为山东、河南和内蒙古,分别为 677、597 和 578 个,占总数的 27.2%。排名后三位的分别为上海、西藏和天津,分别为 2、2 和 9 个。上海等发达地区由于财力雄厚、运营能力好,且城市基础设施建设较完善,对 PPP 项目的需求不大,而西藏需求大,但地区财力有限,不足以吸引社会资本。经济相对落后的省份对公共基础设施需求大导致 PPP 项目数多。从区域分布看,东部地区项目数占全国的 28.8%,中部 27.6%,西部 39.7%,东北占 4%(见图 1.3),可见西部地区的需求更大。

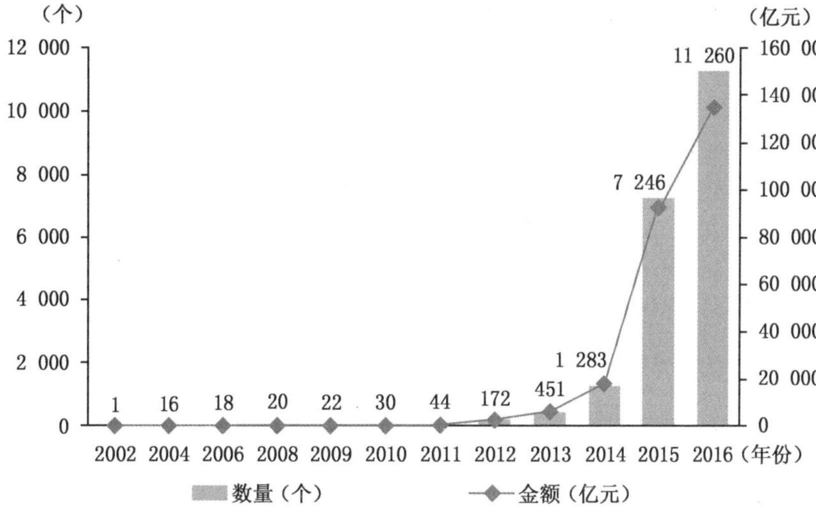

图 1.1　2002—2016 年 PPP 发起数量和金额趋势

受国家政策、经济发展水平、地方政府财力等因素影响，各地区 PPP 项目发行数量和金额呈现较大差异。总体来看，PPP 项目呈现地区分布广泛、地区有差异的特点。

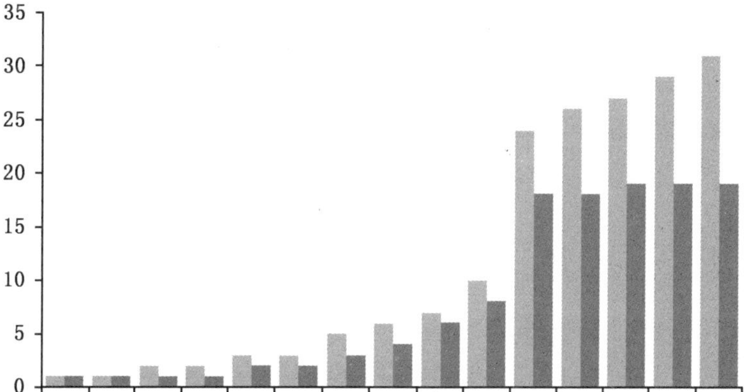

	2002	2003	2004	2005	2006	2007	2008	2009	2010	2011	2012	2013	2014	2015	2016
地区分布数	1	1	2	2	3	3	5	6	7	10	24	26	27	29	31
行业分布数	1	1	1	1	2	2	3	4	6	8	18	18	19	19	19

图 1.2　2002—2016 年 PPP 地区、行业分布情况

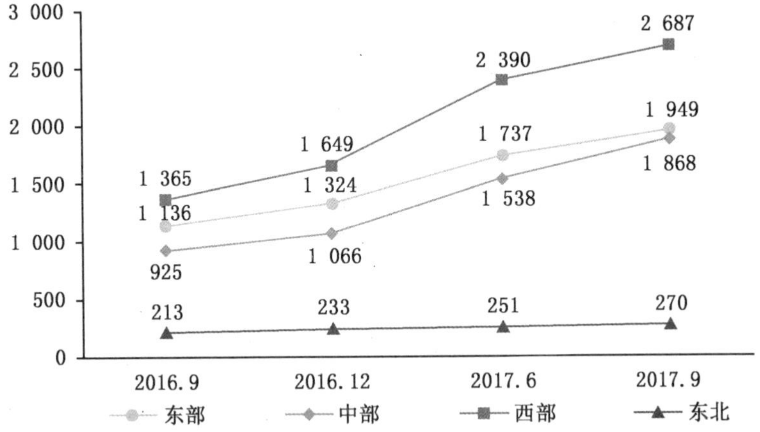

图 1.3 四大区域项目数对比情况(截至 2017 年 9 月底)

表 1.1 管理库项目地区分布情况(截至 2017 年 10 月底)

地区	入库数量（个）	入库金额（亿元）	地区	入库数量（个）	入库金额（亿元）
北京	47	2 085	广西	94	1 233
天津	9	182	海南	127	1 160
河北	256	4 376	四川	402	5 678
山西	145	1 250	贵州	441	7 877
内蒙古	578	6 266	云南	282	7 466
辽宁	117	2 183	西藏	2	97
吉林	91	2 243	陕西	197	2 778
黑龙江	62	1 133	甘肃	85	2 071
上海	2	16	青海	33	338
江苏	215	4 837	宁夏	55	690
浙江	278	5 128	新疆	462	5 621
安徽	247	2 614	重庆	44	1 824
福建	200	2 805	江西	143	1 167
湖北	217	3 653	山东	677	6 943

续表

地区	入库数量（个）	入库金额（亿元）	地区	入库数量（个）	入库金额（亿元）
湖南	526	8 160	河南	597	7 333
广东	146	2 577	新疆建设兵团	25	196

从行业分布情况看，从初期的只涉及市政工程、城镇综合开发领域，发展到现在将 PPP 模式运用于包括交通运输、生态建设和环境保护、旅游、水利建设、医疗卫生、教育、养老等的共 19 个行业（见图 1.2 和表 1.2）。根据 PPP 平台最新季报，在纳入管理库的 13 554 个项目中，排名前三的行业为市政工程、交通运输和旅游，分别为 4 732 个、1 756 个和 843 个，数量占比过半，达到 54.1%。市政工程、交通运输、城镇综合开发项目的投资额分别为 44 046 亿元、50 828 亿元和 16 261 亿元，金额占比达到 67.9%。① 市政工程、交通运输作为经济中重要的基础性行业，具有投资金额大和周期长的特点，在这些领域内运用 PPP 模式能在解决政府融资问题、减轻财政压力的同时，提升建设和运营效率，提供更完善的产品和服务。PPP 项目的需求和供给是相互匹配的，市政工程、交通运输、城镇综合开发项目是民众所需要的，其适中的回报率也符合社会资本的投资需求。总体来看，PPP 模式目前已经涉足多个领域。

表 1.2 PPP 入库项目行业分布情况（截至 2017 年 10 月底）[1]

行　业	入库数量（个）	入库金额（亿）	行　业	入库数量（个）	入库金额（亿）
市政工程	4 732	44 046	养老	306	1 816
交通运输	1 756	50 828	政府基础设施	255	2 626
旅游	843	10 247	体育	236	1 634
生态建设和环境保护	825	8 350	能源	210	1 394
城镇综合开发	809	16 261	科技	157	1 127

① 数据来源：财政部 PPP 中心季报。

续表

行　业	入库数量（个）	入库金额（亿）	行　业	入库数量（个）	入库金额（亿）
教育	649	2 622	农业	140	961
水利建设	643	4 861	社会保障	114	252
医疗卫生	580	2 764	林业	30	410
保障性安居工程	551	7 542	其他	320	3 334
文化	398	2 564	合计	13 554	163 640

（二）存在问题及原因分析

1. 民营资本参与不多

国有资本和民营资本是 PPP 项目中重要的社会资本。PPP 中心最新季报显示，截至 2017 年 9 月底，签约的 944 家社会资本中包括 175 家民营独资、153 家民营控股、300 家国有独资和 249 家国有控股，国有企业占比超过一半，而民营企业占比只有 34.7%，环比下降 2.3 个百分点（见图 1.4）。究其原因，有政策、政府和民企三方面的因素。从政策角度看，目前缺少对民营企业的金融支持政策和税收优惠政策。这种情况下民营企业在融资渠道和运作成本上相较于国有企业处于劣势地位，其盈利空间的有限性降低了民企参与的积极性；从政府的角度看，地方筛选社会资本时倾向于选择有资金实力的国企，对民营企业不仅有观念上的偏见还有行为上的歧视。政府对民营企业不信任，认为其不适合参与 PPP 项目。在实施过程中，招投标文件或设置不合理的高门槛，把不少符合能力要求的民企拒之门外，或规定烦琐的手续阻碍外地民营企业参与竞争。此外因政府失信产生不兑现承诺、政策随意变更、风险过度转嫁等问题，也打击了民企参与的积极性；从民企的角度看，PPP 项目强调项目投资、建设和运营整个周期的综合能力，由于其存在资金和投融资上的劣势，且缺乏基础设施和公共服务行业的经验，使其在竞争的起跑线上落后于国有企业。

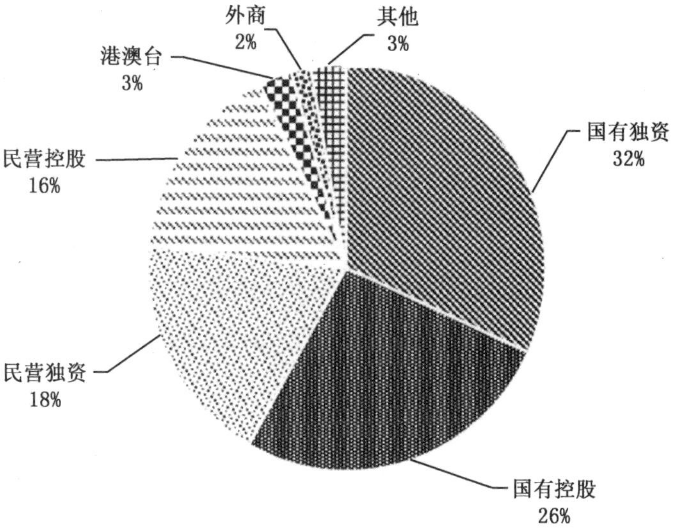

图 1.4 PPP 签约项目中不同社会资本类型占比(截至 2017 年 9 月底)

2. 明股实债

目前在 PPP 项目爆发式增长的阶段,不少地方政府在实施 PPP 的过程中对政策和理念贯彻不到位,对 PPP 模式概念理解不透彻,加上目前国家层面尚缺少一部具有针对性的 PPP 法律,导致实际操作中存在变相融资的不规范行为,产生"明股实债""保本回购""小股大债"等问题,由此产生似是而非的"伪 PPP"项目。"明股实债"指"带回购条款的股权性融资"。在 PPP 项目中是指在政府与社会资本合作建设基础设施中,投资方在名义上投资入股项目公司,获得股权,同时融资方承诺项目收益并保证到期回购,但实质上构成了债务融资(黎毅等,2017)。其产生的动机是融资方缺少自由资金,希望以股权方式融资,后期通过回购实现出资方资金的退出。

目前在 PPP 项目中以股权投资基金模式为主要运作方式。被财政部点名的武汉地铁 8 号线就运用这种模式(图 1.5),社会资本方和融资方认购 LP(有限合伙人)份额,组建成 PPP 项目股权投资基金,并投入特殊目的公司(SPV)。该 PPP 项目总投资额 135.84 亿元,其中 SPV 资本金 47.84 亿元,其余 88 亿元由 SPV 融资提供。设立的 SPV 中股权基金占 66%,政府方占 34%。社会资本方投入 28.41 亿元并充当优先级 LP,其投资额占基金份额的 90%,占 PPP 总投资金额的 21%(图 1.6)。该项目被认定为"明股实债"是因为项目将内部收益率与银行贷款利率挂钩,定为 5 年期以上银行贷款利率为基准下浮 3%,这相当于融资方向三家社会资本方提供了固定回报,其本质就是一种债务融资。同时,项目中社会资本作为优先级 LP,这意味着充当劣后级出资人的政府方代表将承担更大的风险,这样的安排也有违 PPP 项目风险共担的原则。项目实施中产生这类问题的原因,从融资方来看,是由于 PPP 项目需要大量资金,地方政府资本金不足需要融资,而社会资本参与的积极性不高,政府只能提供收益承诺来吸引社会资本;从投资方看,是在缺少法律保障和政府违约担保的情况下企业担心政府失信而以"明股实债"这种方式来自我保护。投融资双方对政策实行不到位,对后果认识不足,忽视了 PPP 合理分配风险的原则,产生了一些"明股实债"的案例。"明股实债"不仅违背了 PPP 模式的初衷,更增加了政府的债务风险。

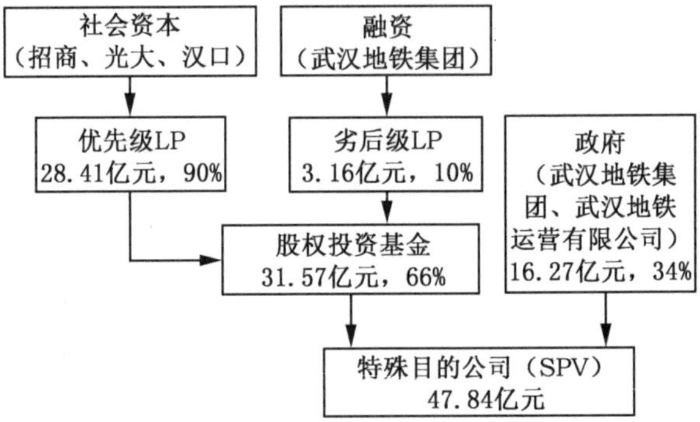

图 1.5　股权投资基金模式

3. 财政压力越大的地方项目越多

在公共产品和服务领域引入 PPP 模式的目的之一是减轻地方政府

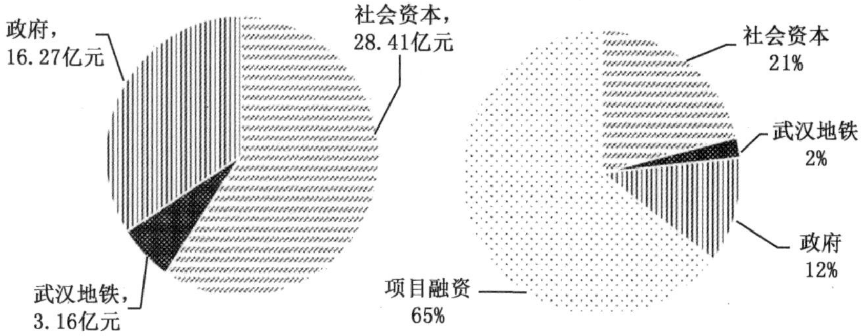

图 1.6　武汉地铁项目资本构成

财政支出的压力。但从目前实施 PPP 的情况看，反而呈现出财政压力越大的地方，发行 PPP 项目越多的趋势。上文指出 PPP 项目有明显的地域分布特征，地区不平衡，差异大。PPP 项目数量较多的省份集中在中、西部，数量占比达到 67.2%，如河南有 597 个，内蒙古有 578 个，湖南有 526 个，贵州有 441 个。相比之下，东部地区占 28.7%，东部相对发达、财力较雄厚的省市包括北京、天津、上海等项目较少，如北京有 47 个，天津有 9 个，上海仅有 2 个。究其原因，一方面相对于经济发达、城镇化建设水平高的省份，落后省份在推进新型城镇化过程中对基础设施等公共产品仍有较大需求，而地方政府在清理地方债后融资渠道有限，财政支出压力大导致发行大量 PPP 项目；另一方面，PPP 项目流程包括识别、准备、采购、执行、移交 5 个阶段，流程复杂烦琐并且发行过程中实际成本并不低，财力雄厚、财政压力小的地区可以选择其他融资模式，不需要大量运用 PPP 模式。在这样的现实情况下，财政压力大的地区签约大规模的 PPP 项目，一是提供给企业的优惠政策会对财政收入造成影响，二是对项目的补贴、补助等也会产生大量未来需要支付的隐性债务，导致地区财政承受能力下降。

(三)PPP 项目的退出机制分析

1. 移交退出期限长

按照 PPP 项目的正常运作流程，社会资本方经过项目建设，通过运营过程中产生的收益收回投资成本，最后在合作到期时按约定将项目移交给政府方，这是PPP实践中社会资本最理想的退出方式。目前在PPP项目管理库的7 002个项目中，有5 249个项目是以BOT方式运营的，这说明有75%的项目要在运营期满后将设施无偿移交给政府方，这些项目大多集中于交通运输、市政工程等传统领域。移交退出方式的优点在于具有明确的运营期限和回报预期，社会资本不会负担额外的退出成本。但是PPP项目投资金额大、运营周期长且前期风险大，PPP项目合作期限平均20年，而我国企业平均寿命短，大公司寿命在8年左右，民营企业平均寿命仅有3.7年。在这样的现实情况下，如此长的退出期限不仅降低了投资者收益率，而且增加了PPP项目的风险。因此，无论是出于社会资本方分散投资风险、缩短回报周期方面的考虑，还是出于政府方保证PPP项目平稳运行、降低项目提前终止的风险方面的考虑，让社会资本方能够有渠道在约定期限前全部或部分退出项目是十分重要的。而且，随着城镇化的发展和公共需求的提升，有越来越多的新兴领域项目如养老服务以BOO等方式运作，对于这些建成后不需要移交给政府的私有化项目，需要建立完善的社会资本退出机制。

2. 股权转让限制多

在目前我国资本市场特别是股权交易市场还不发达，且PPP项目库建设尚不完善的情况下，通过股权转让实现社会资本退出是最直接、最常用的方式。这种方式的优点在于操作相对简单、快捷且易于控制，但实践中由于受到锁定期和受让方资质的限制而使股权转让遇到障碍，降低了股权流动性。对于政府方，主要是担心因股权转让而影响到项目的整体建设和运营，同时也为了避免因社会资本的股权转让而引入不合适甚至不合格的参与者，往往会在合同中对股权转让进行限制。如北京轨道交通新机场线进入社会资本项目中明确规定社会资本方转让股权需经政府方同意，又如北京市丰台区河西第三水厂项目中规定在合同生效日起至正式运营日之后的五年之内都不得转让股权。对于社会资本方，股权转让方式对主体资质的要求不高，是实现退出效率高又效果好的一种方式。

在对股权转让进行限制后，虽然股权流动性的降低会影响社会资本的参与积极性，但是对股权转让加以一定程度的限制是有必要的，否则股权的任意转让会影响 PPP 项目的运行，进而损害公共利益。因此，要综合考虑政府方和社会资本方对股权转让的诉求，在允许社会资本履行自身重要职责后转让股权的同时设定合理的转让限制范围，针对不同的项目来设定限制期限，这样既能够保障 PPP 项目的顺利运行，又不至于损害社会资本参与的积极性，从而使公共利益和私人利益得到平衡。

3. 市场化退出门槛高

除了通过资产到期移交、股权转让的方式以外，还可以通过上市交易、资产证券化这种市场化方式实现退出，公开上市方式通过项目公司的上市得以让社会资本方公开转让股份来实现投资回报。公开的资本市场的高流动性提高了股权交易的效率，其高估值效应也使得上市交易方式成为高回报率的退出方式。但是，公司上市门槛高，对股本、净利润、现金流量都有较高的要求，且上市过程烦琐，成本高昂，能够符合政策规定和上市条件的公司数量很少，因此目前上市并不是一种能够普遍适用的方式。资产证券化是近年兴起的市场化退出方式，大多数 PPP 项目具有期限长、现金流稳定的特点，属于能被证券化的基础资产。但同样的，资产证券化对项目的盈利能力、现金流状况要求高，而且在目前法律法规、交易机制尚不明确的情况下合格的投资者也不多。综上所述，由于存在多方面的障碍，目前民间资本难以以市场化方式退出 PPP 项目，也在一定程度上打压了投资者的积极性。但从未来发展趋势看，放开优质的 PPP 项目公司上市并且大力支持项目资产证券化是必然的，这样不仅能为社会资本提供更高效的退出机制，也进一步完善了资本市场。此外，为社会资本设置明确的退出路径，发展 PPP 交易平台，构建多元化、创新型的退出模式是未来提高股权流动性、增强民间资本投资积极性的重要举措。

（四）民营企业参与 PPP 的现状

1. 参与 PPP 的民营资本多为非上市、建筑类公司

根据明树数据的专项跟踪调查报告显示 2014 年至 2017 年共有

1 191 家民营企业参与了国内的 PPP 项目，共获得了 1 898 个、累计规模约 1.48 万亿元的 PPP 项目。与此同时，中央企业和地方国有企业累计中标 PPP 项目 2 064 个，总投资规模 4.45 万亿元，个数占比达到 53.28%，投资金额占已成交项目总规模的 74.48%。可见，在整体规模上，国有背景的企业从中标数量和参与度都远远高于民营企业。尤其是在标的金额比较大的项目中，国有企业占据主导地位。

此外，在 1 191 家参与统计的民营企业中，非上市企业有 1 121 家，占比达到了 94%；而上市公司中 55 家为 A 股上市企业，2 家为港股上市企业，另外还有 13 家属于新三板挂牌企业。从竞争数量上来看，非上市民营企业参与 PPP 的热情较高；但从相对规模上来看，55 家 A 股上市企业的中标规模达 5 604.5 亿元，而 1 121 家非上市企业的中标规模共计 9 126.1 亿元，平均只有 8 亿元。上市企业在 PPP 市场的竞争中更具有核心地位。行业背景的相关数据显示，参与竞争的民营企业以建筑承包商类型的企业个数最多，共有 496 家，占所有类型民营企业的 42%。从中标数据来看，建筑承包商类型的企业也是民营企业中标项目最多的企业类型，中标 PPP 项目总规模为 5 965 亿元，总个数为 875。落地项目总规模排名第二的为开发商类型的企业，总中标 100 个项目，规模达到了 3 167 亿元。可以看出，目前我国的 PPP 市场的民营参与方，还是以工程和开发商为主。

2. 中标项目规模小，以政府付费、城镇开发项目为主

明树报告显示，从 2014 年 1 月至 2017 年 7 月，民营企业作为牵头人或单独中标的项目共有 1 898 个，总规模为 14 815.5 亿元，PPP 项目平均规模约为 8.13 亿元，而市场上所有已经中标落地的 PPP 项目平均规模为 15.54 亿元。民营企业中标项目的规模比率普遍较小，主要以 1 亿元以下的项目为主，企业中标项目规模的中位数仅为 2.88 亿元。从付费类型来看，民营企业中标的项目付费类型 44%为政府付费，33%为可行性缺口补助，23%为使用者付费。由此可见，民企参与的项目，更倾向于通过政府支付或是其他补贴的方式来获得资本回报，而对于使用者付费的

项目较为慎重。从项目类型来看，民营资本参与的项目中，规模占比较大的是城镇综合开发类项目，其次为市政工程类项目。前者由于包括城镇建设、综合开发、园区建设等综合工程，单项目规模较大。后者则同时也为民企项目中标个数最多的项目类型，民企中标达 813 个。

三、国际上实施 PPP 的经验启示

根据时任财政部副部长史耀斌在第三届中国 PPP 融资论坛上的介绍，截至 2017 年 9 月底，全国已进入开发阶段的项目达 6 778 个，总投资约 10.1 万亿元，其中已落地项目 2 388 个，投资额约 4.1 万亿元。我国已成为全球规模最大、最具影响力的 PPP 市场。

PPP 模式起源于英国，并在世界范围内得到了广泛的应用。在英国、加拿大等发达国家，PPP 模式被广泛应用于交通、教育、医疗、能源等领域，充分调动了民营企业进入非传统领域的积极性，为这些领域的发展提供了新的融资和经营模式，同时也促进了国家经济的发展和就业岗位的创造。国际实践 PPP 的经验，为中国民营企业参与 PPP 项目提供了以下几点启示。

（一）完备的法律法规体系

完备的法律法规体系对 PPP 的发展有着重要的约束和支持作用，为 PPP 的有序发展提供了基础保障。PPP 模式在运行的过程中涉及公共部门和私营部门，各部门所享受的权利和承担的义务各不相同，完备的法律法规体系有利于双方事先权利、义务的明确和事后纠纷的解决，提高了私营部门参与公共项目的积极性。

PPP 作为公共部门和私营部门共同合作提供产品或服务的方式，本质是两者之间一系列的契约关系，用以约束双方的权利和义务。PPP 主要包括三类活动主体：公共部门、私人合作者和其他利益相关者（如公共服务的消费者、为公共设施的建设和运营提供产品或服务的承包商或供应商、融资的提供方等）。PPP 实质上就是这三类利益主体互动所产生的一系列法律关系，其中最为核心的法律关系即公共部门与私人部门之

间的法律关系，其权利义务关系的互动将直接影响到整个 PPP 模式所涉及利益主体之间的权益关系。

PPP 不是一个单独的法律问题，而是诸多法律问题的结合，其更多体现了行政合同与民事合同的融合。政府部门与私人合作者之间既是采购者与供应商的关系，又是监督者与被监督者的关系，还是共同承担责任、分享收益的伙伴式合作者的关系。PPP 协议中既包括政府部门行使公共管理职能的内容，又体现出公私双方作为平等民事主体之间的权利义务关系。由于 PPP 项目自身结构和涉及法律关系的复杂性，相关法律在制定时要充分斟酌，便于适用。从表 1.3 也可看出，部分国家也没有专门制定法律，比如英国和澳大利亚，而是通过指引和合作指南等方式来对 PPP 项目进行约束。

表 1.3　　各国 PPP 相关法律法规一览表

国　家	有无专门立法	相关法律法规
英国	无	欧盟的政府采购指引、《公共设施合同法》《公共合同法》等
加拿大	联邦与联邦以下政府独立立法	《加拿大战略性基础设施基金法》等
日本	有	《关于充分发挥民间事业者的活力来促进特别设施整备的临时措施法》等
韩国	有	《促进民间资本参与社会间接资本设施投资法》《社会基础设施民间投资法》(2015 年修订)等
澳大利亚	无	Infrastructure Australia 发布了一整套全国公私合作指南

资料来源：项目组整理所得。

1. 英国：不断完善发展的法律体系

虽然英国没有出台专门的 PPP 法规，但其相关政策和指南非常完善。英国适用于 PPP 项目的法律主要包括 3 个层次：第一，欧盟的政府采购指引，这是英国政府采购法律的来源；第二，本国的《公共设施合同法》和《公共合同法》，这是用来约束政府采购的基本法律，也适用于 PPP

项目；第三，英国财政部制定的实施细则和标准条件及范本。英国 PFI 标准合同的一些核心内容是不能够通过双方约定进行更改的，因此具有十分重要的约束力和强制力。与此同时，英国非常注重对监管体制进行相应的改革，主要包括完善法律、建立监管机构和加强社会监督。英国采购方面的法律根据实际情况不断发展，将 PFI/PPP 等项目纳入政府采购的规范体系，并衍生出以竞争性谈判制度为核心的 PFI/PPP 法律制度。

2. 日本：适时推进，减少政府限制

日本在 1997 年制定了《关于充分发挥民间事业者的活力来促进特别设施整备的临时措施法》（简称民活法/PFI 法），随后又在 2011 年对 PFI 法进行修改，扩大了适用范围。此外，日本还通过设立活用项目推进委员会、制定公务员派遣制度和民间提议项目制度等方式减少法律制度方面对 PFI 法的限制，加大了对 PPP 项目的支持。

3. 韩国：给予 PPP 项目政策上的大力支持

韩国政府对 PPP 项目的政策支持具体体现在土地购置、收益保障、税收减免、信用担保、风险分担等各个层面的优惠措施上。韩国政府还会根据政策经济形势变化在年度计划中对 PPP 项目引入临时性的支持措施。韩国法律不仅对适合采用 PPP 模式的设施类型做了十分详尽的分类，而且将 PPP 项目区分为政府立项招标项目和企业主动建议项目，并对二者的采购步骤也分别做出了规定。在操作程序上，韩国则设立了 PIMAC（公私基础设施投资管理中心），PIMAC 负责发布年度 PPP 计划以及编制 PPP 指南，为 PPP 项目提供了具体可操作的指引。

（二）有利的政策环境

有利的政策环境是 PPP 得以成功运行的基础和助力，世界各国政府在为 PPP 项目提供帮助支持上，主要表现在三方面：成立 PPP 专门部门、提供激励措施和成立风险共担机制。

1. 政府成立专门部门，负责 PPP 项目的审核管理、开发和推广

从国际经验看，通过 PPP 模式建设基础设施和公共工程是一个成熟的模式，但是 PPP 模式具有相当的复杂性，因为一个拟采用的 PPP 项目

必然涉及多方利益，如公众利益、投资者利益、公共部门利益等，如何协调多方利益是成功实施 PPP 的关键。要想成功实施 PPP 模式，必须建立一个较为行之有效的保障机制，许多国家通过建立专门部门的方式，对 PPP 项目进行审核管理，为 PPP 项目的高效运行提供了保障(见表 1.4)。

表 1.4　　各国 PPP 专门部门及其主要职责

国　家	专门部门	主要职责
加拿大	PPP Canada	参与 PPP 项目的建设和开发，并协助政府推广和宣传 PPP 项目
英国	Infrastructure UK	协助政府制订基础设施开发方案和实施融资的规章，并为公共和私营部门提供咨询服务
	Local Partnerships	为地方政府提供 PPP 项目技术援助和评估服务
澳大利亚	Infrastructure Australia	协助政府制订基础设施开发方案和实施融资的规章，并为公共和私营部门提供咨询服务
欧洲	European PPP Expertise Centre	专注于分享和传授 PPP 领域的经验，为欧盟公共部门运用 PPP 提供技术援助
韩国	战略投资部(MOSF)	在 MOSF 下设立 PPP 评估委员会(PRC)，PRC 由三部分人员组成：一是战略投资部部长(主要负责人)；二是 PPP 项目相关主管部门的副部长；三是私营部门具备 PPP 相关知识经验的专家
	公私参与基础设施投资管理中心(PIMAC)	为 PPP 项目的实施提供全面专业支持

资料来源：项目组整理所得。

加拿大政府在 2008 年组建了国家层级的 PPP 中心(PPP Canada)，该中心为国有公司，参与 PPP 项目的建设和开发，并协助政府推广和宣传 PPP 项目，在 PPP 项目中发挥了积极的作用。

2000 年，英国政府成立了合作伙伴关系组织 Partnerships UK (PUK)，推广 PPP 理念，为 PPP 交易提供程序和管理的技术援助。随后，英国政府又将 PUK 与财政部的 PPP 政策小组合并，创立了 Infrastructure UK(IUK),它作为英国财政部的基础设施融资机构,为相关部门提供各领域 PPP 的技术援助,负责执行英国的基础设施发展战略,为民间资本投资基础设施部门提供各种便利。在服务地方政府的 PPP 项目上,英国财政部与地方政府协会联合成立了 PPP Unit,即“地方合作伙伴关系”(Local Partnerships),主要为地方政府提供 PPP 项目技术援助和评估服务。

澳大利亚的 PPP 模式一开始是各州各自为营,2008 年,根据澳大利亚基础设施法案,国家设立了 Infrastructure Australia(IAU),其核心职能是协助政府制订基础设施开发蓝图,制订基础设施融资的规章,为政府、投资人和基础设施拥有人提供咨询服务。它可以通过基础设施和运输部向澳大利亚议会提交年度报告。2008 年,IAU 与澳全国 PPP 论坛制定了一个全国性的 PPP 政策框架和标准,要求各级政府所有成本超过 5 000 万澳元的项目,必须把 PPP 作为备选模式。

在欧洲 PPP 市场略有萎缩的背景下,2009 年,欧盟整合欧洲投资银行、欧盟委员会以及欧盟成员国和候选国的力量,成立了 European PPP Expertise Centre(欧洲 PPP 专家中心,简称 EPEC)。EPEC 拥有 37 个成员,汇聚了欧洲多国 PPP 领域的专家学者,专注于分享和传授 PPP 领域的经验,为欧盟公共部门运用 PPP 提供技术援助。

韩国 PPP 项目的主要参与方有战略投资部(MOSF),相关主管部门以及私营部门。在 MOSF 下设立 PPP 评估委员会(PRC),PRC 由三部分人员组成:一是战略投资部部长(主要负责人);二是 PPP 项目相关主管部门的副部长;三是私营部门具备 PPP 相关知识经验的专家。另外,依据 PPP 法成立的公私参与基础设施投资管理中心(PIMAC),为 PPP 项目的实施提供了全面专业的支持。在韩国,私营部门进入基础设施领域并扮演着极为重要的作用,不仅是有关 PPP 理论政策的研究制定者,还充当管理 PPP 项目政府机构的角色,同时也是韩国 PPP 市场的推动者。

2. 政府提供激励措施，鼓励私营部门的积极参与

当下，中国民营资本参与 PPP 项目的活力未能完全激发，民营资本在整体 PPP 项目中呈现小规模、多数量的趋势，在大型项目上缺少积极性和主动性。从国际经验来看，许多国家采用设立激励基金的方式对参与 PPP 项目的企业进行补贴，以进一步提高私营部门的积极性。

加拿大联邦政府建立总额为 12.6 亿加元的 PPP 合作基金，对于符合条件的 PPP 项目可以资助最高 25%的费用，还建立了总额为 21 亿加元的全国口岸基金，只对 PPP 项目提供资助。英、加等国家政府也充分重视放权给私营部门的重要性，由社会资本方负责融资，承担融资风险，由此产生激励机制，可以助推 PPP 项目实现效率优化、成本控制和质量提升。

3. 成立风险共担机制

PPP 项目由于存在工期时间长、金额数量大、不确定因素多等特点，面临很大的风险，这些风险无论是由公共部门还是由私营部门单独承担，都对项目不利。为保证 PPP 项目的成功运行，风险需要在两个部门之间合理分担。

国外在风险共担上的经验主要有以下几点：一是发挥部门各自的优势，由对风险最有控制力的一方控制相应的风险。由于公共部门和私人部门掌握的资源不同，因而它们应对各种风险的能力也不同。如英国 PF2 对 PFI 做了以下改进：为了更好地实现“物有所值”原则，公共部门将承担更多的管理风险，如因法律、污染、政策等变化引起的费用增加的风险。相应地，私人部门则在项目的融资、运营等方面承担更多风险；二是承担的风险与获得的回报要匹配。高风险伴随着高收益，两部门之间任何一方都不能在获得低风险的同时享受高收益，只有公平地分担风险和收益，才能保持双方持久的合作；三是承担风险要有上限。如果投资者承担了其无法承担的风险，就会缺乏控制能力。尤其是在 PPP 项目实施阶段中，如果项目的某些风险比之前估计的高很多，就不能让某一方单独承担，否则将影响风险承担者的积极性。

风险合理分担的一个反例是英法海峡隧道建设的 PPP 项目，英法两国政府 1986 年的特许权协议承诺 2020 年前不会修建具有竞争性的第二条固定英法海峡通道，项目公司有权决定收费定价。但是，在英法海峡隧道正式开通之后，有实质性竞争关系的轮渡、航空公司打起了价格战，迫使欧洲隧道公司大幅降低票价，而限制此类竞争的条例并没有被政府提及，政府也没有及时给予必要的支持。负责建设和运营的欧洲隧道公司因回收不及预期于 2007 年被批准破产保护申请。

（三）多元的融资来源

通常来说，国外的 PPP 项目有多种融资渠道，包括债务融资、股权融资和分包商融资，每一种方式在 PPP 项目中都发挥不同的作用。按融资方式分，债务融资又包括优先债务和夹层债务。优先债务是指在资金的偿付和利息支付方面先于夹层债务和股权融资。优先债务的债权人会在借款之前用严格的方法来控制相关风险，通过增信手段保护债权的安全，对债务违约风险的控制更强。夹层债务是一种在风险和回报方面介于优先债务和股权融资之间的一种融资形式，夹层融资通常提供形式非常灵活的较长期融资。通常的夹层债务是无担保的或部分担保的长期债务。股权融资，即风险资本投资，是指通过股权的形式进入 PPP 项目，通过一定的出资获取对应的项目股权占比，同时通过获得股息收益或者股本增值作为投资回报。分包商融资是指项目的各个分包商通过由 PPP 项目母公司的担保、出具保函等方式为自己的分包合同履约提供资金支持。

在国外，债务类融资是 PPP 项目中主要融资方式。与传统政府采购模式不同，国外 PPP 项目的融资一般是由项目公司对外签订融资合同，承担融资风险。从融资资本结构来看，一般是 90％的债权加 10％的权益成本。主要原因是债务融资的融资渠道更多、成本更低，而且提供的融资期限往往长于股权融资。因此，在 PPP 项目融资中，大量的是债权融资，其资金来源包含以下几种：一是商业银行贷款，商业银行是 PPP 项目融资中最常见的债务资金来源。由于 PPP 项目资金规模大，往往需要从多个银行融资，因此多以银团贷款的形式融入资金。二是国家政策性银行，如俄罗斯的对外经济银行 VEB,可以直接支持 PPP 项目的中标者融资。三是欧洲债券,它是指票面金额货币并非发行国家当地货币的债券,不受任何国家资本市场的限制,且筹集资本的成本相对较低、筹集面范围更广泛、还款时间和币种选择上更为灵活。四是商业票据,它是由高信用的项目主体或金融主体开出的无担保短期票据,是一种低成本、高操作、灵活性的融资手段。五是国际金融组织贷款,世界银行、欧洲投资银行、欧洲复兴开发银行和国际金融公司等国际金融组织愿意为部分 PPP 项目提供资金支持,他们参与 PPP 的主要方式有直接借款和提供如担保等减少风险的金融工具。

从发达国家经验来看,在项目融资上还有以下三点可以借鉴:

一是加快建立多层次的资本市场。从英国和加拿大 PPP 项目的发展来看,完善的、多层次的资本市场为 PPP 的融资提供了基础和保障,特别是债券市场的发展,为项目融资带来了便利。PPP 的一个基本要素就是引入私人资本,这就需要发达的资本市场来充当桥梁。针对 PPP 周期长、资金需求量大的特点,一个完善的、多层次的资本市场不仅能够为其提供长期稳定的资金,还能够提供有效的市场约束,提高 PPP 项目的效率。例如,在 PPP 发展较好的加拿大,养老基金等作为投资者也参与了基础设施建设,为 PPP 项目提供了较长期限的资金,减少了期限错配带来的风险。加拿大还通过产业基金投资、股票上市、资产证券化等方式获得 PPP 投资基金,多元的融资方式降低了资金成本。因此在金融危机期间,加拿大 PPP 项目的融资成本也并未出现大幅的波动。

二是充分发挥金融机构的主观能动性,积极创新融资管理方式和融资产品。金融机构参与 PPP 项目,既可以作为社会资本直接投资于 PPP 项目,也可以作为资金提供方参与项目。在作为社会资本直接参与的情况下,金融机构可以与具有基础设施设计、建设、运营维护等能力的社会资本一起,与公共部门或政府机构签订三方合作协议,在协议约定的范围内为该 PPP 项目提供资金。在作为资金提供方的情况下,金融机构则是间接参与 PPP 项目,它们可以为项目公司提供诸如项目贷款、信托贷款、明股实债、有限合伙基金、项目收益债和资产证券化等形式的资金，进一步降低融资成本，提升资本运作效率。

三是合理安排资本结构，保证各项目参与方的利益。在 PPP 项目建设中，工期控制和产品质量是两个非常重要的因素。通过合理安排资本，可以促使承包商和设备供应商更好地为项目提供服务。例如为降低项目风险，提高公共部门权益，英国将 PFI 进一步改进为新型私人融资 PF2。两者的主要区别之一就是项目的运营不再由私人部门负责运营，而是由承包商、设备供应商和运营商等相关各方组成的一个特殊目标载体(SPV)来运营。这样一来，PPP 项目的收入与承包商、设备供应商和运营商组成了一个利益共同体。公共项目建设和设备的质量将直接影响项目的运营收入，引导承包商、设备制造商和运营商更多地关注项目的表现，更好地节约成本。

(四)高效、规范的项目实施管理

高效、规范的项目实施管理是 PPP 项目的核心，是保证项目后期稳定运营的有效途径，也是其成功与否的关键步骤。我国民营企业参与 PPP 项目中存在的落地难及施工率不高等问题，大多是由于没有高效、规范的项目实施管理所致，因此提高项目实施管理效率是改善 PPP 项目施工率的关键。国际经验显示，好的项目实施管理应该注意以下几点。

1. 完善的项目甄选程序及采购流程

尽管各国政府针对 PPP 的专门机构和法律法规政策存在一定的差异，但是每个国家对 PPP 的实施流程都有具体的规定。项目甄选和采购程序对整个项目的运营非常重要，这不但体现在招标过程中，更影响项目能否准时开工和完成。以法西铁路 PPP 项目为例，法国、西班牙两国共同制定了统一、有效、可执行的招标程序，该项目中政府部门主要负责项目设计，社会资本方负责项目的建设和融资。项目合同对社会资本方的施工流程及维护进行了严格规定，如不合格，将面临政府罚款。项目必须在合同签订后的 5 年内完成建设，融资方案则要在合同签订后的 12 个月内到位。

英国PPP项目的运作和政府管制比较有代表性。PPP项目的合同具有一定的复杂性，这种多部门合作关系的缔结必须通过政府采购法律规定的基本甄选程序来确定私人部门合作伙伴及其提出的方案。另外，由于PPP项目具有多样化、风险大、创新性等特点，PPP项目的甄选程序必须兼具一定的横向可比性和弹性，在保证竞争的同时又要确保给予私人部门一定的创新空间。英国政府引入了竞争性对话的程序，来给复杂多变的合同提供更加灵活的程序。在前期公告和审查阶段的基础上，加入了对话阶段，从参与者中选择几个就建议书展开讨论，并要求参与者递交详细的财务和技术建议书。英国财政部对其国内的PFI/PPP项目有非常详尽的统计，统计结果显示，PFI项目取得了显著的成效，89％的项目按时完成，没有任何一个项目使政府的建设成本超支。

除了英国政府，加拿大政府在制定基础设施规划方面表现得也非常积极，通过不断完善项目采购流程，进一步促进PPP项目的成功推进。《加拿大PPP十年经济影响评估报告（2003－2012）》指出，十年间，加拿大PPP项目的建设、运营与维护提供了广泛的就业机会，有效地增加了国民收入、国内生产总值和各级政府税收，从多方面对经济发展起到了积极作用。

2. 建立稳定的契约关系

PPP项目在推进过程中可能存在公共部门违约现象，例如拖欠或不足额支付企业款项，这在一定程度上影响了私营企业的正常运营和可持续运营，打击了私营企业进入PPP项目的积极性。也有可能存在私营企业不能按时完工或者超支等现象，影响整个项目的进行。因此，对支付等义务进行事先约定，并严格按照契约执行非常重要。

在英国PPP项目实施中，标准合同具有非常重要的作用和意义，它在PPP项目上有着非常强的约束力，一些核心的内容是不能通过双方约定进行修改的。对于合同中的“核心区域”，如果项目的参与方希望对这些“核心区域”的内容进行修改，或者做出减损约定的话，必须向英国财政部提交修改申请，并且得到批准。财政部也对不同领域的具体合同范本提出了特殊合同统一化的要求。

在支付问题上，PPP 模式下，特别是公共部门直接购买产品或者服务时，只有在私人部门提供了符合要求的产品或者服务之后，公共部门才会将款项支付给私人部门。在项目尚未完成或者服务还没有提供时，公共部门不会将款项支付给私人部门。这些条款会鼓励私人部门按期完工，以早日获得款项。另一方面，公共部门根据私人部门提供的服务进度来支付款项，因此，也激励了私人部门在投标前做好资金预算工作，将整个项目期间内的费用控制在合理范围内。同时，政府部门可以适度提供奖惩机制，促使私人部门高效地提供符合标准的产品和服务。例如私人部门提供的产品不符合要求时，公共部门将通过削减支付额等方式来进行惩罚，而当私人部门在约定时期内提供产品，或是产品质量超过合同，公共部门可以追加一定比例的支付额。

3. 严格遵循“物有所值”原则

不同国家和机构对“物有所值(value for money，英文缩写 VFM)”原则有不同的定义，世界银行对“物有所值”的定义是：在提供用户想要的服务的基础上，实现收益和成本的最佳组合。PPP 项目的一个核心特质就是“物有所值”，因此，应将“物有所值”作为 PPP 项目的基本原则，据此建立相应的风险分配和风险评估制度。在整个 PPP 项目中，公共部门在选择私人部门时，应该坚持“物有所值”原则，以维护社会公众利益的最大化；发起人或项目公司在设计、建造、运营时也应该遵守该原则；融资方提供融资时，也要根据“物有所值”原则核算成本、设计结构、控制风险。世界各国与一些国际组织也针对“物有所值”原则制定了政策。

世界银行 PPP 基础设施咨询基金(Public Private Infrastructure Advisory Faculty)在《PPP 参考指南》(*Public-Private Partnership Reference Guide*)(第二版)中提到政府采用 PPP 模式建设必要的基础设施的主要目的就是为了达到物有所值，“物有所值”分为定性和定量评价两部分，它提及了 PSC 的计算和经济成本效益分析，并对定量分析中的关键方法论问题进行了分析，包括：费用和税收假设、分析范围、风险分析方法和假设、折现率。

英国作为最早开展 PFI(Private Finance Initiativo,私人/民间融资)项目以及物有所值评价的国家,各个部门都颁布了许多与 VFM 相关的政策文件。英国财政部(HM Treasury)在《物有所值评价指南》(*Value for Money Assessment Guidance*)中将物有所值分为三个阶段:项目群(Programme)、项目(Project)和采购(Procurement),评价具体内容又分为定性评价和定量评价两部分。英国其他部门也都相应提出各自的政策文件,包括英国审计署的《物有所值指南》[*Value for money Handbook*]和《私人融资计划的资金价值评估流程》[*Review of the VFM assessment process for PFI*],英国国际发展署(Department for International Development)的《英国国家发展署关于实现物有所值的方法》[*DFID's Approach to Value for Money(VFM)*]和《社会转让方案中物有所值的衡量与最大化准则指南》(第二版)[*Guidance on Measuring and Maximizing Value for Money in Social Transfer Programmes*]second edition。

澳大利亚基础设施中心在《国家 PPP 政策框架》(*National Public Private Partnership Policy Framework*)中认为 VFM 评价包括定性和定量两部分:定量是 PSC(其中包括风险的调整)与 PPP 模式下产出和费用的比较;定性则考虑相关因素(例如服务方面的设计影响)。并提出了满足物有所值的相关条件:足够的规模和长期性、风险转移的机会、全生命周期成本、创新性、竞争性等。

四、国有与民营企业在 PPP 中发挥联动作用的意义及方式

(一)继续提升民营资本参与率,提高供给效率

PPP 模式的关键特点是引入了社会资本,包括民营企业、国有企业、外国企业和外商投资企业。尽管与过去相比中标项目的民企增多,但参与度水平仍然较低,国有资本在项目总体规模中仍占据主导地位。近年来不少鼓励民营资本参与的政策出台,是因为在 PPP 实施过程中民营企业相比国有企业具有突出的优势。一是具备较强的投融资实力。民营企

业以效益最大化为根本目标，通过改善经营管理，投资优势领域项目，来提升企业社会影响力，进而提高经济效益。经过市场化的激烈竞争，许多大中型民营企业已具备 PPP 项目相匹配的投融资能力、公司规模和业务经验；二是市场适应力和创新能力强。民营企业制度灵活，高度关注市场变化，比国企更具灵活性。民营企业的参与能为 PPP 项目带来新的技术、方法和思维，有助于实现 PPP 的创新可持续发展；三是具备专业领域的优秀人才。民营企业为市场上的人才提供有竞争力的报酬，并设置激励机制，能够吸引到各个专业领域有能力的优质人才，为民营企业参与 PPP 项目提供人才保障，使其拥有较强的经营和管理能力。

推行 PPP 模式的意义之一就在于通过社会资本的引入得以获得高效率的经营管理经验，提高项目公司的绩效，而这恰恰是民营资本的优势所在。目前国企大量参与的现状意味着项目相关债务只是进行了资产负债表上的转移，公共部门的总体杠杆水平并未降低，也无法实现 PPP 转移政府债务的政策目标。破除民营资本进入障碍，让民营资本更多地参与到 PPP 项目中，不仅有利于激发民营资本的市场活力，而且能够提高公共设施和服务的供给效率和质量。

对于目前民营资本参与度低、中标项目普遍规模小的状况，民营企业可以组建民营联合体，也可以设立 PPP 基金将分散的民营资本集中起来，以联合的方式来投资参与规模较大的项目。比如，由浙江复星商业牵头组成的 8 家民营联合体中标杭绍台城际铁路项目，成为我国首个民营控股高铁 PPP 项目。8 家不同领域的民营企业的联合，优化了项目股权结构，未来通过发挥民企的成本控制、管理严格、运营高效的优势，不仅能够提高项目经济效益，还能起到示范作用，进一步激发民营企业参与的热情。

（二）保持国有资本必要控制力，维护公共利益

国有企业在公共领域有着不可替代的作用，也成为传统 PPP 项目主要的合作对象。首先，国有企业主要分布于关乎民生的重要领域，而 PPP 模式多应用于基础设施和公共服务类项目，这就使得国有企业在其中占

据了重要的主导地位；其次，国有企业参与 PPP 项目具有三个方面的优势：一是资金实力雄厚。经过多次国企改革和重组，截至 2016 年底我国国有企业资产总量已达到 154.9 万亿元，央企和大型国企已发展成为跨行甚至跨国的大型集团，可以为项目提供大量的资金支持。二是行业技术和管理成熟。我国城镇化发展中的基建一直由各地政府直接负责，国有企业间接承担相关业务。经过几十年的发展，国有企业在传统基建行业已经掌握了先进的技术和有效的管理办法。对于大多数的基础设施 PPP 项目来说，国企可以充分发挥其积累的经验优势，提供更高效、优质的服务。三是投资回报率要求低。公共基础设施的强公益性使得 PPP 项目往往投资回报率低且周期长，国企相对于民企来说融资成本低且对投资回报率不敏感，由此也促成了项目落地。

尽管目前鼓励引入更多的民间资本，但国企仍具有举足轻重的地位，保持国企在 PPP 项目中一定的控制地位是有重要意义的。这是因为 PPP 项目涉及的是公共基础设施和服务，是有别于民营企业一般情况下生产、提供的产品和服务的，其具有公共性，关乎国计民生。而民企具有逐利的天性，将股东权益最大化作为公司目标，若民营资本不受限制的进入 PPP 项目，很有可能会利用其在项目公司的控制权和在领域内一定的垄断地位，而产生商业化运营行为，进行营利性活动，忽视公共利益。而对国企来说，一直以来都直接或间接地承担着一定的社会责任，公司利润最大化并不是其根本目的，这与 PPP 项目的公益性是相匹配的。因此，通过保留有实力的国企对项目的必要控制力，不仅能够防止民营资本挤占公共利益，致力于提供优质的公共服务，而且能对地方政府形成一定的制约，有利于项目的长远发展。

(三)民企与国企合作参与项目，实现优势互补

无论是何种投资主体，都有各自突出的优势和明显的不足，因此通过国有企业与民营企业相互合作，建立“民企＋国企”联合体共同参与到一个 PPP 项目中，实现优势互补，能够更好地发挥两者在 PPP 项目实施中的联动作用。具体来说，民营企业难以独自承担传统 PPP 项目。一方面，民企存在资金上的劣势。交通运输、市政工程等项目普遍投资金额大，民企相比国企信用低，不易通过银行贷款、发行债券等方式融资，而通过信托等其他方式融资的成本高，在项目收益率不高的情况下就更难实现盈利；另一方面，民营企业过去投资多集中于房地产、互联网、新兴服务等行业，而对于基础设施领域，民企缺乏技术和经验，整体实力不足。同样，如果一个项目完全由国有企业参与也存在弊端，一方面国企缺乏灵活性，激励机制不足，不能充分调动创新能力；另一方面，这样不仅使项目的竞争不足，而且易产生道德风险问题。一旦出现因国有企业经营不佳导致项目失败，最终还是由政府来兜底，在这样的情况下就失去了应用 PPP 模式的意义。

因此，对于投资规模大、合作期限长、技术要求高的项目，通过民营企业与国有企业相互合作，国有企业可以发挥其融资、技术和建设能力，提供高质量的建设项目为未来提高运营管理效率打下基础，民营企业可以体现其创新、管理、运营优势，双方协同合作，能够更大程度地提升 PPP 项目价值。对于重资产的交通运输领域，在关注国企的建设、资金实力的同时，应整合民企的管理经验、创新能力、人才技能等。对于那些对运营能力要求高的社会保障、养老、旅游领域项目，是民营企业所擅长的，应继续扩大份额，充分发挥优势，提高供给的效率和有效性。“民企＋国企”的联合是多方面的，既可以是竞争关系，或是建设与运营的横向联合，也可以是上下游公司的纵向联合，更可以是包括规划咨询、投融资、评估等专业机构在内的混合联合。各方参与者通过结合，可以实现“1＋1 大于 2”的资源整合，体现专业的人做专业的事的比较优势，并且能够充分发挥国企和民企的联动作用，降低公共服务成本，提高供给效率和服务质量，促进 PPP 项目健康可持续发展。

五、如何实现国有资本和民营资本的联动

（一）强化 PPP 立法，保障社会资本方的利益

2017 年国务院法制办公布的《基础设施和公共服务领域政府和社会

资本合作条例(征求意见稿)》是PPP法治化进程中的重要一步,未来应进一步提升立法层级,强化PPP立法。在目前的实践过程中,由于缺少国家层面的专门法和实施细则,导致PPP实施中仍面临许多不确定的问题,比如PPP采购问题、特许授权的形式问题等。各级政府按照各地的地方规章实施PPP项目,也会因各地政策差异而产生不协调甚至冲突的问题,易导致变质PPP的产生,也使PPP在各地区发展不均衡。因此,为进一步规范PPP市场,要及时制定PPP实施细则,并在条件成熟时出台《政府与社会资本合作法》。只有通过强化立法,才能明确政府和社会资本双方在项目中应承担的责任,为项目投资者提供制度性保护。此外,要构建全面的PPP制度体系,在此基础上,各部门制定相关配套政策,不仅要在相关法律中对PPP基本内容包括回报机制、合作范围、运作方式、物有所值评价等做出明确规定,还要对PPP项目运作过程中包括立项、招投标、融资、运营等阶段做好系统规定。同时,可以建立争议协调解决机制,在PPP项目实施中出现的违约行为,针对不同性质的行为可以通过相对应的行政复议、行政诉讼或是民事诉讼等多途径的方式来协调解决,得以从法律、机制各方面来保障社会资本方利益。

(二)夯实中期财政预算规划,保障社会资本方的未来收益

对于因政府方面原因而给社会资本带来的无法预期的风险,要夯实中期财政预算规划。在2015年财政部发布的《政府和社会资本合作项目财政承受能力论证指引》中已经提出,要将通过财政承受能力论证的PPP项目纳入年度预算和中期财政规划。PPP项目普遍投资金额大、生命周期长,与中期财政预算规划有着密切联系。因此把PPP纳入中期财政规划具有重要现实意义。通过预计财政收支,考虑风险因素,能够让PPP项目可控,规避中长期财政风险,确保财政的可持续性。更重要的是,向社会资本方提供了一个能稳定支付的依据,保证政府履行与社会资本方约定的义务,不会出现因政府不兑现承诺、不承担支出责任而造成社会资本方损失的问题,保障社会资本方的未来收益。

(三)规范 PPP 的招投标制度,保障民营资本方的参与权

针对民营企业参与率低的问题,要规范 PPP 的招投标制度。切实保障民营资本方的参与权,首先,要让民营资本和国有资本在公平的游戏规则下平等竞争。在招投标程序中,坚持公平、公正的原则。禁止在招投标文件中设置不合理门槛,让与国有资本实力水平相当的民营企业能够参与投标 PPP 项目,同时鼓励在专业领域富有经验、信用资质好、经营效益高的民营资本参与项目。禁止设置不合理审批事项,限制市场竞争,要减少招投标过程中针对民营企业特别是外地企业的不必要的手续,减少投标企业的交易成本,在提升招投标效率的同时也提高民营企业参与积极性。其次,提高招投标过程的公开透明度。推动 PPP 项目信息公开,招投标文件、竞标企业信息、项目实施方案和进度等要实时公开,保障社会资本的知情权,实现国有资本与民营资本的公平竞争,另外,通过信息公开也可以规范和监督政府行为。最后,政府要有契约精神,在招投标、政府采购等环节明确职责,履行好约定义务。总之,要为民营资本公平参与 PPP 项目营造一个良好的制度环境,切实保障民营资本方的平等参与权。

(四)协调金融税收制度,保障民营资本的平等市场地位

提高民营资本参与积极性除了规范 PPP 项目制度,还要协调金融税收制度,从金融、税收方面支持民营资本参与项目。相比国有资本,民营资本在融资实力和资金上处于劣势,PPP 项目需要大量的资金投入,但民企很难获得银行借贷资金,通过信托机构借用资金又会大幅提高融资成本。同时又由于 PPP 项目周期长,产生投资与收益期限不匹配的情况而增大企业的经营和财务风险。目前税收对 PPP 项目的支持政策范围小,税收优惠时间短,集中于单一环节,对民营资本的税收激励作用不足。因此,一方面要完善金融领域的支持政策,比如通过增加创新性融资工具,金融机构提供针对性的金融产品,拓宽民营企业的融资渠道,解决其在项目融资上的资金问题,进一步推进 PPP 资产证券化,构建合理的社会资本退出机制,鼓励民营资本参与投资;另一方面要优化目前的税收优惠政策,扩大主体、行业优惠范围,延长优惠期限,制定包括投融资环节在内的多环节优惠政策。同时加强税收政策与金融政策、财政补贴等政策的协调配合,更好地发挥政策支持效应,保障民营资本的平等市场地位。

六、国外绿色 PPP 的方式、案例以及国内的初步探索

(一)引言

PPP 模式在全球范围被广泛应用。在欧洲发达国家尤其是英国,PPP 适用的领域涉及一般公共服务、国防、公共秩序、交通运输、燃料和能源、环境、卫生、娱乐和文化、教育等。但在大多数国家,PPP 适用的范围主要集中在基础设施领域,包括收费公路、轻轨系统、地铁、铁路、桥梁、隧道、机场设施、电厂、电信设施、学校建筑、医院、监狱、污水处理和垃圾处理等方面。从区域角度而言,欧洲的 PPP 市场最为发达。从国别来看,英国、澳大利亚、美国、西班牙、德国、法国等发达国家 PPP 项目的规模和管理水平处于领先地位。

绿色 PPP,主要指在环保、节能、清洁能源、绿色交通、绿色建筑等领域,政府和社会资本共同合作成立 SPV 公司,负责项目投融资和运营管理。主要特点是强调绿色发展理念、构建绿色金融体系和推进生态文明建设,通过绿色信贷、绿色债券、绿色保险和绿色发展基金等金融工具,实现筹措资本、配置资源及管理风险,结合社会资本专业高效优势,推动公共物品"绿色供给"和提质增速。

PPP 模式拓宽了资金来源渠道,鼓励和支持社会资本参与到绿色环保领域的投资,缓解政府财政支出的压力,部分解决了绿色环保领域投资总量不足的问题;另一方面,在引入社会资本的同时,也引入了私人部门对绿色环保领域的专业技术和先进的管理经验,进而提高产品服务的质量和效率。在绿色环保领域引入 PPP 模式,有助于推动绿色环保相关产业的发展和环境问题的有效解决。

(二)国外绿色 PPP 方式

1. PPP 中心设置机构

各国 PPP 中心的设置机构不同(见表 1.5)。首先,从国家层面的 PPP 中心设置来看,英国、澳大利亚、南非等国设立于财政部,而德国、韩国则独立于财政部门之外。海外运行较为成功的 PPP 中心多设于财政部,因为这有助于将 PPP 与其他财政支出、政府债务统筹管理;其次,地方层面是否设立 PPP 中心则很大程度上取决于本国的经济规模与结构及投资决策权的下放程度。英国、澳大利亚、巴西、德国、印度、墨西哥等许多国家,除设立国家 PPP 中心外,均设立了地方 PPP 中心。

表 1.5　　PPP 中心的设置

	设立形式	国　家
国家层面	设置于财政部	英国、澳大利亚、南非等
	独立于财政部	德国、韩国
地方层面	英国、澳大利亚、巴西、德国、印度等设立地方 PPP 中心	

2. 各国 PPP 中心的职能

各国 PPP 中心的职能因各自的政策体制、法律体系和发展水平有所差异,但总体来看,主要职能包括:

(1)提出政策建议,包括筛选 PPP 的行业、选择合适的 PPP 模式和设计冲突解决机制等;

(2)参与项目审核,决定项目是否适合 PPP 模式;

(3)提供技术支持,与市场投资人沟通互动;

(4)提高行政能力,提供政府部门对 PPP 的认识;

(5)支持项目融资,通过直接投资项目,或代表政府发布项目信息以增强市场投资人信心,促进项目融资;

(6)建立信息平台,搭建 PPP 政策和项目信息平台,促进市场竞争。

3. PPP 融资渠道和融资特点

从国外经验看,PPP 的融资方式包括银行贷款、出口信贷、资本市场融资(权益融资和债券)、国际银团贷款、租赁公司及项目其他参与方等。一般来看,银行贷款和资本市场融资为主要融资方式。具体融资渠道和融资特点详见表1.6。

表1.6　　国外PPP融资渠道和融资特点

融资渠道	融资特点
国内/国际商业银行贷款	最基本最重要的债务资金形式,决策过程负责但附带限制条件多
出口信贷	一般以贷款或提供担保两种形式,利率低,不承担建设风险,需配套其他贷款,效率比较低
资本市场	操作快捷,条件灵活,风险承受能力强,不需要政府担保,但投资风险大
国际银团贷款(辛迪加贷款)	数额大、期限长、灵活、风险小,但条件苛刻
国际金融机构	低利率,但手续烦琐,过程长
外国政府援助贷款	低息甚至无息
租赁公司	以租赁方式为项目设备筹集资金
项目所在国政府贷款	低息
项目其他参与方	发起人/承包商/供应商提供的贷款

4. PPP盈利模式

PPP项目的盈利多与某种程度的财政补贴挂钩。因采用PPP模式建设的项目一般都具有较强的公益性,盈利能力比较差,项目除了正常的运营收入外,多数还是需要政府给予事前或事后的补贴,特别是如果项目运行不达预期,政府更需要给予支持,以保证参与的私营部门有合理的回报。具体看,盈利模式主要有三种:

(1)除运营收入之外,政府承诺一定的补贴,特别在项目收益达不到预期时

这是在PPP模式中最常见的盈利模式。譬如,马来西亚南北高速公路项目,收入主要来自车辆过路费,但是政府向项目公司提供最低公路收费的收入担保,即在任何情况下如果公路流量不足,公路的使用费收入低于合约中规定水平,政府将向项目公司支付差额部分,这样在一定程度上

减少了项目公司的风险，保证了其盈利水平。

法西高铁项目公司收入主要来自法西两国国营铁路运营公司机车通行的过路费，项目的收费模式在特许权协议中已有规定，且在运营的前三年，必须以低廉的线路使用费来吸引客户，以便培育运量，增加后期营业收入，但由于延迟完工，造成项目流量未能达成预期，使项目公司收益降低。根据特许权协议，西班牙政府给予相应的补偿，包括特许期延长 3 年，并且在 2012 年之前分期拨付补偿金 1.08 亿欧元等。

(2)盈利来自项目收入以及政府特许的其他相关延伸业务

最典型的是中国香港地铁公司，其经营收入主要来自地铁乘客的车费，根据条例，地铁公司有权决定票价。此外，特区政府还赋予香港地铁公司沿线的地产开发权。香港地铁公司充分利用地铁沿线房地产升值的优势，把发展房地产与发展地铁结合起来，建设大型住宅、写字楼和商场等，获取了巨大收入利润。

(3)盈利完全来自政府的补贴

譬如南非的豪登快铁项目，其所有的运营收入均进入政府财政，政府按照 PPP 建设合约规定的价格每年支付项目公司 Bombela 保本运量所对应的收入(每年固定为 3.6 亿兰特)。这个固定费用目前高于政府所获得的运营收入，Bombela 每年获得上述固定费用后用于日常的运营和维护工作。Bombela 有义务按照合同规定做好日常的运营管理工作，但对客流量的多少基本不承担责任。此外，项目的电力成本由政府负担，大大降低了 Bombela 的运营风险。

(三)国外绿色 PPP 案例

1. 英国

英国不仅是 PPP 模式的经验输出国，其对于绿色项目和绿色技术创新提供的融资支持也值得跟踪研究。以 Addenbrooke's 医院的热电联产项目为例，为推进英国国家医疗服务体系的能源改造升级，GIB 与英国英杰华集团旗下的资产管理公司合作，1∶1 投资 3 600 万英镑，以 PPP 方式为医院提供综合热电动力装置、生物质能锅炉、高效双重燃料锅炉以及垃圾焚烧供电技术，并采取诸如新型照明、改进加热和照明控制措施，为该医院节省了大量能耗成本。医院竣工后每年可降低3万吨CO_2当量，碳排放量相比改造前降低了47%。

对该医院的投资仅为GIB支持英国国家医疗服务体系(NHS)实现能效目标的地方案例之一。对于类似的项目，GIB可直接债权投资，也可与Aviva ReALM能源中心基金，法国基础设施协会(Societe Generale Equipment Finance)等机构联合投资，或通过GIB能效基金(SDCL和Equitix)来投资。虽然投资的组织方式灵活多样，但所有投资组合都遵循三个主要原则：①还款来源要有保障，偿还贷款的资金主要来源于系统运行过程中节省的能源支出；②贷款期限与热电联产系统的生命周期一致；③提供有市场竞争力的融资利率。

GIB本着不与私人资本竞争的原则，专门投向无风险记录、私人资本不愿投资，但经GIB判断收益有保障的绿色前沿领域，其治理结构和绩效结构的设计确保其能够提供包括专业的绿色技术咨询、环境与气候风险管理及融资解决方案在内的整合服务。GIB实质上起到了PPP+绿色金融实验室的作用，在为项目量身定制融资方案的同时也尽可能地保证模式的可复制性，进而不断推动符合经济、社会和环境诉求的项目落地，使得更多绿色项目的商业模式趋向成熟。

2. 澳大利亚

澳大利亚绿色PPP项目多集中在基础设施和公益事业领域。政府通过法制化和规范化管理，与私营部门确权分利，分担风险，形成双方共赢的局面。其PPP项目特点有以下几种。

(1)建立专业管理部门或机构。澳大利亚基础设施管理局为联邦政府的PPP管理机构，负责对全国PPP项目进行管理，并审批所有PPP建设项目。州政府设立PPP指导委员会，由财政、交通、医疗、教育等相关部门人员及专家担任委员。

(2)确定项目标准。PPP项目明确的条件：①项目具有一定的价值和规模；②技术具有复杂性和新颖性；③能够帮助政府实现一定的风险分散和转移；④项目具有很大的设计和技术创新空间；⑤项目所有者具有较高的 PPP 项目实施能力；⑥配套设施及副业经营等辅助项目可使私营部门从中受益。

(3)明确公私部门的角色和责任。公共部门承担土地风险，私人部门承担建设风险。私营部门既可以参与建设，也可以负责经营。政府则对建设和服务是否达标进行监管。

(4)确保私人部门利益。只要符合政府要求并投入运营的 PPP 项目，政府即会向私营部门付费。另外，政府在某些 PPP 项目中让利给私营部门，使其在参与项目建设中有利可图。

(5)进行有效的风险管理。

(6)建立严格的审计和绩效评级机制。①在 PPP 项目中，政府与私人部门以标准合同形式确定各自的权利义务，并明确政府、环境变化时可再商谈的条款，保证合同的公正合理；②澳大利亚合同法从法律上保证合同的履行，一方违约另一方可起诉。若企业违法，将会失去声誉和今后参与其他项目的机会。若政府对项目判断失误，选民会在选举中用投票来表达意见。

以澳大利亚阿德莱德水务项目为例。该项目于 1994 年 11 月开始资格审核，1995 年 10 月联合水务公司中标。联合水务公司(社会资本方)接手并负责管理、运营和维护澳大利亚阿德莱德地区的既有供水及污水处理厂、水网和污水管网。

参与方见图 1.7。社会资本方为联合水务公司。公共部门方为南澳大利亚水务公司，负责获取收入、管理客户关系、管理集水区与制定服务标准，对基础设施拥有所有权并控制资本支出。

图 1.7　澳大利亚阿德莱德水务项目各参与方

项目管理:资产管理计划由联合水务公司与南澳大利亚水务公司协商制定,包含1年期、5年期和25年期,最后由南澳大利亚水务公司验证计划的可行性并对其进行调整。

项目成果:①联合水务公司通过编制年度资产管理计划、引入费率合同、创新污泥处理措施等方式,不仅在合同履行方面表现出色,指标完成率超过90%,而且该项目的成果也促使联合污水公司将业务扩展到维多利亚州和新西兰等地。②在经济效益等方面,该项目通过PPP模式为南澳大利亚水务公司节省了约2亿美元的成本,另外由于采用工程采购与建设管理方法进行工程建设,为国家节省了近4300万美元的资金。③社会效益方面,项目引入了第三方质量控制体系和环境管理体系,建立了世界级的研发中心,改进了污水处理技术。

(四)国内绿色PPP初步探索

1. 发展现状

目前,政策对于绿色PPP的支持力度不断加大。2016年8月底,国务院七部门联合印发的《关于构建绿色金融体系的指导意见》中提出,设立绿色发展基金,通过PPP模式动员社会资本。财政部等四部门联合印发《关于政府参与的污水、垃圾处理项目全面实施PPP模式的通知》,通知明确表示,总体目标是政府参与的新建污水、垃圾处理项目全面实施PPP模式。截至2017年6月末,全国入库PPP项目13 554个,其中,绿色低碳项目合计7 826个,投资额6.4万亿元,分别占入库项目的57.7%和39.3%,落地项目1 176个,投资额1.4万亿元。据国务院发展研究中心金融研究所测算,中国绿色产业的年投资需求在2万亿元人民币以上,而财政资源只能满足10%~15%的绿色投资需求。民间资本、民营企业参与绿色金融市场的前景广阔。

2. 存在的问题

(1)项目过度集中于国有资本

目前我国绿色PPP项目存在市场份额过度集中于国有企业与上市企业,工程建设企业占主导地位,以及低价中标普遍存在等问题。绿色

PPP 市场乱象的根源在于部分地方政府主观上“重建设、轻运营”及客观上的运营绩效标准和考评机制缺失。两者集中表现为对项目长期运营缺乏必要的财政和经营保障机制。

（2）融资要求高

绿色 PPP 项目投入大、回报周期长，大多为 20～30 年的长期项目，项目建设和运营过程中可能出现的变数较多。这在客观上对于企业的融资能力提出了更高的要求。因此，一些地方将多个项目打包成一个大型 PPP 项目进行招标，是目前绿色 PPP 项目开发的常用模式，用以解决单一项目收益率差异较大的问题，而这也导致单个项目的投资规模越来越大。在这种情况下，融资成本较低的国有企业和上市公司就具有了明显的优势，而非上市的民营企业，尤其是规模偏小、融资能力不够的民营企业参与 PPP 项目的空间就较为有限。

（3）流程复杂

绿色 PPP 项目开发需要经过项目识别（项目发起、项目筛选、物有所值评价、财政承受能力论证）、项目准备（财务模型构建、风险分配方案优化、项目交易结构、回报机制设计、项目实施方案撰写）、项目采购阶段（市场测试、设置资格预审条件、核心边界条件）等多个流程，确定社会资本方的复杂性较高、周期较长。地方政府在选择 PPP 合作伙伴时大多比较谨慎，自然地偏向于经营稳定性强的国有企业和上市公司。

3. 绿色金融支持 PPP 的方式

从实践层面看，目前还没有绿色 PPP 专项基金落地，但与之相关的绿色环保产业基金已经有具体项目在执行，比如贵州省 2016 年还批准设立首只产业投资基金——贵州 PPP 产业投资基金，总规模为 20 亿元。基金定位投资贵州省内环保、水务、水利、智慧城市等行业。中国首支土壤修复产业基金于 2017 年年底落地，基金由北京易修复生态科技有限公司联手中节能大地环境修复有限公司等 7 家公司共同筹建，称为“易修复棕地产业基金”，基金总规模是 100 亿元，首期基金大约 10 亿元。

PPP 环保产业基金，主要适合在流域水环境保护领域、城市环境保护基础设施领域运用。与一般 PPP 项目不同，PPP 环保产业基金对应的不是单一项目，而是一个项目包，项目包内包含的项目来自多个产业，这些产业链可以互相衔接互相呼应，从而使中低利润的环保项目可以通过产业链互相呼应的设计来降低风险，提高项目包整体收益。PPP 模式环保产业基金以项目为基础、以合同为核心、以特许经营权的让渡为手段，集项目融资、建设与运营为一体的特征。不只是做项目融资，也涉及项目的建设与运营。PPP 环保产业基金最大的特色就是可以解决中低利润环保项目的融资困境，而且这种创新的 PPP 环保产业基金可以实现政府资本、社会资本和环保企业三方的利益共赢。

绿色 PPP 的发展趋势和投资需求特点，决定了金融必须创新才能满足其需求。特别是以第三方治理模式推动环境治理的集约化、专业化、现代化、规模化，这必然要求实现金融模式和金融制度的全面创新。建构以 PPP 环保产业基金为基础的绿色金融创新模式是解决其融资困境的有效手段。

七、调动民营企业积极性的决策建议

根据财政部 PPP 综合信息平台项目的公开数据显示，2017 年末入库的全部项目投资额已经超过 18 万亿元，相比 2016 年 12 月末增长 4.5 万亿元，增长幅度达 133%。我国的 PPP 市场呈现高速有序的发展态势。在一系列 PPP 政策的引导下，各地的 PPP 项目顺利落地。但是在这些项目的参与者中，民营企业却少之甚少。目前财政部示范项目共 232 个，其中社会资本投入的共 119 个，国企和民企所占比例分别为 61%和 32%，前者大约是后者的 2 倍。由此可见，在目前 PPP 市场中，央企、地方国企代表的公有制经济体占据主导地位，民营企业等私有制经济体由于在很多方面受到限制，处于相对劣势的地位。这也使得 PPP 市场的“竞争中立”成为一个无法回避的话题。为更好地解决目前民营企业在 PPP 项目中参与度低的问题，本文将从政府和企业两个角度提出几点建议。

(一)政府层面

1. 客观评价民营企业的重要作用,营造民营企业参与PPP的制度环境

民营投资是非公有制经济的投资主体,而非公有制经济几乎创造了我国GDP的60%、就业的80%和税收的60%。因此,民营经济是促进我国经济稳增长的重要推手,积极营造民营企业参与PPP的良好制度环境具有十分长远的意义。此外,国家大力推广PPP项目的初衷是积极鼓励各类社会资本进入基础设施和公共事业领域,民间资本本应是主角,而现实却是国企和央企占据了绝大部分的项目资源,这与国家推广PPP项目的初衷并不一致。明树数据显示,截至2017年8月,民营企业参与资格预审的项目个数占比从90%下滑到了78%,这就意味着其参与PPP的主动性呈现下降态势,而相关文件并未有效地提高民企参与的意愿和热情。

因此,政府应转变观念,正确认识到国有企业过多地参与PPP,实质上只是将政府的债务移至国有企业的资产负债表上,并未真正地降低公共部门的杠杆,只能暂时掩盖地方债台高筑的事实,长期来看会带来新的隐患。正确的举措应是摆正其自身公共服务采购者的定位,从战略高度认识到民营资本的重要性,采取直接、有效的措施来增加民营企业在PPP项目中的参与度。

以"杭绍台高铁"项目为例,2017年9月11日,浙江省政府与复星牵头的民营资本联合体正式签署杭绍台铁路PPP项目投资合同。在该项目中,民营资本占比51%,达到了绝对控股地位。此次签约,充分发挥了社会资本投资铁路示范项目的带动作用,标志着铁路投融资体制改革迈入新阶段,同时也对激励民营资本进入国有经营垄断的行业具有重大意义。

因此,我们建议各级政府将民营资本进入PPP项目的情况作为督查考察指标之一,倒逼地方政府改变观念,积极采取措施鼓励、引导民营资本参与PPP项目,把PPP模式的初衷真正落实。政府可以利用政策红利鼓励民营资本加入PPP项目。中共十八大以来有约37项政策文件明确

提及要激励民营企业参与 PPP 项目的热情。例如，财金 90 号文件《关于在公共服务领域深入推进政府和社会资本合作工作的通知(新)》强调，各级财政部门要联合有关部门营造公平竞争环境，鼓励国有控股企业、民营企业、混合所有制企业、外商投资企业等各类型企业，按同等标准、同等待遇参与 PPP 项目；又如，发改投资 1744 号文件《关于切实做好传统基础设施领域政府和社会资本合作有关工作的通知》中表示要鼓励和引导民营企业、外资企业参与 PPP 项目，鼓励不同类型的民营企业、外资企业通过组建联合体等方式共同参与 PPP 项目。

由于政策的连续性和稳定性是影响市场参与者预期的重要因素，所以只有在持续、稳定且成系统的政策体系的构建背景之下，市场对 PPP 的认知和预期才能进一步的明确化和稳定化。从而促进民营企业对中长周期(普遍超过 10 年)、中低回报(普遍低于 8%)的 PPP 项目产生兴趣并愿意投入资本，也使得政策风险降到最低。

2. 支持民营资本参与 PPP，努力解决其面临困境

首先，政府要真心实意地欢迎民营企业参与，不能只停留在口头、口号上，要继续简政放权，破除制约民营企业参与投资的体制机制障碍，着力降低制度性交易成本，优化营商环境，激发市场活力，调动民营企业积极性。民营企业投资 PPP 项目，政府既要造舆论，也要给予政策鼓励和资金扶持。此外，在一些民营企业更有优势的领域，还要重点向民营企业倾斜。国有企业和民营企业可以优势互补，资金规模不大的或者是社会服务类的项目，让民营企业做，效果可能更好。

其次，与国企相比，民营企业存在着综合实力上的差距。而 PPP 项目又具有投资规模大的特点，少则数亿元，多则上百亿元，项目回报率却只在 8%～10%的范围内波动，还具有一定的经营风险，这对社会资本的抗风险能力、融资能力和技术能力等都提出了很高的要求，制约着民营企业的投资热情。

特别是在项目的融资方面，民营企业面临着很大的困难。目前 PPP 项目融资市场两极分化严重，央企、国企中标的 PPP 项目银行蜂拥而至，

提供成本低于基准利率的项目融资。因此，民营企业在 PPP 项目上的融资待遇亟待提高，这是提升民营企业竞争力的重要保障。由于 PPP 项目的投资规模大，就算是国有企业也需借助外部金融机构的帮助。然而，无论是信用还是渠道方面，国企和央企都具有先天的优势。大部分银行对民营企业的还款能力和信用持怀疑态度，导致民营企业缺少强大的资金来源，难以完全投入项目。此外，即使民营企业拥有借款等融资渠道，其资本成本也远高于国有企业，且无法从政策银行获得低成本借款，压缩了其参与 PPP 项目的报酬，使其回报处于劣势。所以，政府可以通过投资赞助的形式帮助民营企业解决资本成本较高、融资难的问题。政府投资赞助指的是政府提供 PPP 项目一定比例的投资资金，并在项目运营阶段对运营收入不要求分红。对于地铁、体育场馆等类型项目，由于建设成本远大于特许经营期内的票价收入，政府经常会提供部分投资资金以提供项目本身的可盈利性。例如，北京市政府在北京国家体育场项目中提供人民币 18.154 亿元，占总投资（31.3 亿元）的 58%，并且不要求分红，同时将项目设施场地的土地使用权以划拨方式无偿提供给项目公司；在北京地铁四号线中，北京市政府同样也负责投资额约占项目总投资的 70% 的土建工程部分；深圳地铁四号线 1 期也是由深圳市政府筹资建设。政府还可以在权力范围内对基础设施 PPP 项目的投资者提供一定的税收减免优惠，例如，在来宾 B 电厂项目中，广西政府免征项目公司 3% 的地方所得税；从开始获得利润的年度起，第 1～2 年免征所得税，第 3～5 年减半征收所得税（15%）。在国家体育场项目中，对与体育场馆设施固定不可分离的设备、模型、图纸、图板、电子文件光盘、设计说明及缩印本等非贸易性规划设计方案，免征关税和进口环节增值税。最后政府还可以为民营企业提供担保以激励其参与一些基础设施 PPP 项目，以降低项目公司将面临的风险并保证未来现金流的稳定。例如，广西政府保证来宾 B 电厂项目的公司有权在特许期内将该项目的人民币收入兑换成美元，在每一财政年度结束时将该年度的利润汇出境外；如果北京地铁四号线的运营达到政府规定的运营标准，当实际客流达不到预测客流的 80%

时，政府同意将给予项目公司一定补贴；北京市政府保证在国家体育场特许经营期内，对于新的竞争性场馆的开发项目或对某一现有竞争性场馆进行改扩建的项目，原则上不予批准。

再次，考虑到PPP项目融资规模大，运营障碍多，项目签约后的开工建设至完成建设阶段，其实才是国际上PPP项目高频率失败的阶段，也是PPP项目最为核心关键的步骤。经查证发现，部分落地项目在完成设置项目公司以后，也确实存在相关资金难以到位，开发建设停滞这一状况。通过考察PPP项目库发现，执行阶段的项目的信息公开，往往都只公开了项目公司的名称，部分公布了项目公司的股权结构。但对于其他更多的信息，都属于有待公开的阶段。由此可见，实际落地建设的项目，在落地率中应该还要更低。而落地难也是我国民营企业在成交PPP项目后所面临的最大挑战。所以政府需要跟踪PPP项目的实施进展，及时给予因中间环节资金链断裂导致项目停滞的民营企业支持，促进PPP项目顺利进行，解决民企的后顾之忧。同时也要帮助民营做好风险预测和融资方案，制定应急预案，对项目可能出现的问题进行预判。政府可以对参与PPP项目的民营企业进行融资协助，如出具安慰函等措施。例如，在广西来宾B电厂项目的特许权协议中规定：自融资手续完成之日起及之后，只要融资文件仍然有效，广西政府同意在未向贷款人提供纠正项目公司违约事件的机会、以及未给予贷款人特许权协议规定的其他权利之前，将不终止特许权协议。这条规定可以有效地帮助贷款人（例如银行等）降低由于项目公司违约或者不可抗力所带来的危害，提高项目公司获得贷款的可能性。

最后，因为民间资本参与PPP项目投资对其财务能力包括融资能力、资金成本、现金流都有比较严格的要求。根据国际上的PPP项目的操作管理，一般采用2∶8至4∶6不等的资本金与负债比率来构建项目公司的资本结构，而PPP项目融资的担保取决于项目本身的现金流而非社会资本方的信用担保。但在我国的目前实践中，项目股权融资由社会资本方进行信用担保，这让PPP项目的融资问题实质上由资本方的融资能力决定。民营资本由于自身规模、融资能力、信用评级等指标均弱于国有企业,其融资能力和资金成本都不具有优势。这也是限制民间资本深入参与 PPP 市场的重要原因。实践中,银行对于 PPP 项目的放贷,焦点集中于项目合规性以及社会资本方的实施能力。对于社会资本方的能力考核,依旧在传统框架下进行。即国有企业属于最优质的合格社会资本方,其次为上市的民营企业。非上市的民营企业在 PPP 项目的融资上,并未获得相关的优势。因此本文认为政府可通过制定相关政策、制度等方式为民营企业增信,拓宽其融资渠道,降低其融资成本。此外,政府还可以通过设立针对民营企业的 PPP 项目基金,发挥政策银行的融资作用,为参与项目的民营企业提供低成本的长期借款,有效解决融资难等问题。目前大部分 PPP 引导基金存在落地困难的情况,并且挑项目的现象明显,基金偏好大项目,偏好大城市项目,偏好国企央企项目,而民营企业所能够实施的 PPP 项目大多位于三、四线城市,大多规模较小,因此 PPP 引导基金并没有发挥其被期望的"雪中送炭"作用,更多的是"锦上添花"。因此,我们建议设立专门针对民营企业的 PPP 引导基金,强化基金的"信息传递"功能,通过基金的投资,将 PPP 项目的合规性、民营企业实施 PPP 项目的能力传递给金融机构和其他潜在投资人,既通过适当降低出资要求提升民营企业实施项目的能力,又能为后续项目融资提供更强的信用支持。

3. 规范 PPP 项目信息公开制度,推动社会资本间的公平竞争

随着 PPP 项目落地速度的加快,因 PPP 项目信息缺失、不透明、信息不对称等现象所产生的公众知情权保障、政府监管等问题愈发凸显。因此,为使该模式健康发展,推动社会资本间的公平竞争需秉承"公开透明"的原则,主要需要公开的信息包括项目实施方案的概要、预中标和成交成果、参与招标的企业信息等。这些信息可以通过完善的 PPP 信息发布平台进行统一公告,以保证信息公开的准确性。规范的信息公开制度可以增强市场资源配置能力,加速投资需求的匹配,为民营企业提供更多的对称信息。

此外，现在一定程度上存在“重国资轻民营”的现象，如果无法改变这样的观念，为民营企业创造公平的法律和市场环境，那么民营企业参与PPP将继续面临各种阻碍。2016年5月9日，国务院总理李克强在“全国推进简政放权放管结合优化服务改革”电视电话会议上指出：“要促进各类市场公平竞争。一方面，要在降门槛、同规则、同待遇上下功夫。特别是要坚持‘两个毫不动摇’，不断增强国有经济活力、控制力、影响力，提高核心竞争力，更好地激发非公有制经济和民间投资的活力，支持民营企业扩大投资。凡是法律法规未明确禁入的行业和领域，都应允许各类市场主体进入；凡是已向外资开放或承诺开放的领域，都应向国内民间资本放开；凡是影响民间资本公平进入和竞争的不合理障碍，都要统统打掉。”虽然，国家已经出台了一些鼓励民营资本进入PPP项目的文件和政策，但仍还未上升到法律层面，约束力和影响力不足。因此，政府要积极探索相关制度的建立，减少民营资本进入电力、教育、养老等行业的隐形壁垒，消除对民营资本设置的限制条款和不公平观念，切实维护民营企业在社会竞争中的公平性。此外，还可以通过完善信用评级机制，建立民营企业的信用评级数据库，为政府筛选合格的合作伙伴提供有效依据。

对项目实施流程和决策程序的透明、规范程度同样是民营企业参与PPP项目所关注的焦点。站在投资风险控制的角度，PPP项目时间跨度长，缺乏足够的信息，这足以扼杀民营企业的投资动机。从我国过往基础设施和公共服务项目投资的发展历程来看，央企和国企得益于他们与地方政府之间的“亲密关系”，使得他们掌握了民营企业不曾掌握的信息并具备了更多的谈判筹码，一定程度上导致了整个基础设施与公共服务市场上民营企业的身影并不活跃。但在此轮PPP项目实施过程中，发改委和财政部均颁布了明确的实施指引来规范项目的实施流程，其细致程度用“手把手”教来形容亦不为过，政府内部决策程序的透明度大大提高。再进一步结合各项目库的建立和示范项目库的推广，以及大量专业机构的帮助，PPP项目流程的规范化得到保障，极大地降低了过往基础设施项目实施过程中投资人对政府内部决策流程合规性的担忧，这种担忧的弱化进一步增强了民营企业参与 PPP 项目的信心。希望未来能建立有效的激励机制，加快 PPP 项目前期工作信息和披露机制建设。进一步完善政府与社会资本的合作办法，使社会资本参与投资后能得到权益上的保障。基础设施投资和公益特许经营法等法律的制订，能够更多地保障民营企业合法权益。

4. 强化政府部门的契约精神，培养政府—民营企业互信机制

PPP 项目的期限较长，双方失信的不确定性较高，为解决这一问题，需强化政府的契约精神，建立完善督查制度，落实政府失信防范和惩戒措施。政府不得以领导人变更、换届等原因违约，民营企业也应根据项目合同努力提高自身技术能力和经营能力，减少资金流中断、项目延期等问题。此外，还可以通过 PPP 项目信息发布平台，建立充分的中央政府对地方政府考核机制，并遵循“公开透明”的原则定时向公众进行披露，减少双方的信息不对称。同时，还可以通过引入第三方监管机构的方式，使得民营企业的反馈包括对政府服务的评价可以被接受，并用于指导地方政府改进其自身在 PPP 项目中的一些短板。该第三方监管机构还可以通过对民营企业在项目进程中的一些合规行为、特殊事件进行快速识别和判断，以保证这些事项不会对项目后续进展造成重大不利影响。

要保障民营企业参与 PPP 项目的合法权益。绝大部分 PPP 项目合同中都会有争议解决机制，但是几乎所有的地方政府会选择在本地仲裁甚至本地法院处理，这种本地化的处理机制，一方面地方政府在合同签订之初就显得信心不足，影响投资人的信心；另一方面在处理争议之时，社会资本尤其是民营社会资本的合法权益往往得不到公平对待，导致合法权益的损失。因此，建议从政策层面明确纠纷解决和救助机制，防止地方政策通过地方优势侵害民营企业在项目中的合法权益。

5. 提防风险，选择优质 PPP 项目，避免不合理激励措施

有时地方政府为了吸引私营资本的投资，往往会做出不现实或不理智的担保和支持，导致政府需要为履行合同付出很高的成本，而在项目特许期间出现拒绝支付或者无力支付的窘境（特别是在地方政府换届之

后),导致项目公司很可能无法获得预期利润甚至无法偿还贷款。地方政府为了短期的利益或者个人政绩,可能会做出与中央政府政策、长期目标或者公众利益相违背的决策,投资者特别是外商如果对中国法律法规了解甚少的话,可能会为 PPP 项目未来的正常运营带来隐患。投资者如果利用政府部门对 PPP 模式或对该项目了解过少而签订不平等协议,也可能导致项目运营阶段出现政府不愿或无力履行协议义务的风险。投资者和政府部门如果迫切希望项目上马,往往过分乐观地估计未来市场变化,或者过分依赖于政府的承销承诺(甚至是口头承诺),而忽略了理性的市场评估,导致对项目的盈利能力估算过高。例如,在上海宝维士/泰晤士大场自来水有限公司投资、建设和运营的上海大场水厂项目中,由于上海市政府在原协议中规定的保证水量和 15%回报率,将其界定为固定回报项目。2004 年 4 月 26 日,英国泰晤士水务签订《上海泰晤士大场自来水有限公司股权转让合同》,把大场水厂转让给上海自来水市北公司。至此,该项目被“收归国有”。固定投资回报率保证是早期 PPP 项目中地方政府会提供的激励措施,类似的这些措施大大降低了私营投资者提高效率的积极性,降低了 PPP 融资模式的优势,需要地方政府引起重视。

(二)企业层面

1. 努力提高企业评级,降低融资成本

PPP 项目资金需求大,民营企业融资成本高,这就压缩盈利空间,因此极大地削弱了其积极性。从企业自身来看,可以通过提高企业评级以降低融资成本进而提升 PPP 项目参与度。某知名上市民营企业,通过承揽大量的 PPP 项目,完成企业转型,由传统的大型建筑承包商,转型为全领域、全周期的 PPP 龙头企业,并通过高比例的 PPP 项目提升公司的盈利能力、改善财务数据指标。该公司的信用评级已经达到民营企业中少有的 AA+,且较有可能在未来达到 AAA 级评级。因此,公司可以凭借其高等级的信用评级以及持有的大量优质 PPP 项目,以较低的资金成本从银行或是资本市场获得大额融资,并通过再投资获取更多的优质 PPP 项目,从而构建其企业的整体生态圈。

该种融资方式的主要风险在于资金的流动性风险。虽然企业可以通过这种方式获得更高信用评级，增强融资能力，但由于 PPP 项目的资金回收期一般较长，单个项目所需资金量较高，该方式对于资金链管理的水平要求高。往往需要在单个项目建设完成之后，通过一定的方式实现部分资金的退出，完成公司整体的资金循环。目前 PPP 项目的资本证券化，可以一定程度上满足该方式的资金退出需求，但并不能完全与之契合。而其他方式的资金退出，如项目公司的股东的股权转让，相关政策并未完善，存在一定的法律风险以及合规风险。

2. 发行私募基金，实现资金闭环

一些资质较好且拥有金融牌照的民营企业通过发行私募基金进行融资，把项目的风险和收益与其他投资者分担，缓解大额融资压力。某一非 A 股上市的大型民营企业，目前在国内各地均参与大量的 PPP 项目投资。其主要模式为开放式商业模式，即不单关注项目建设承包阶段，而是通过参与完整的项目建设、项目运营、项目交付，在各阶段均获取相关收益。该企业的操作理念和方式更符合 PPP 的设计制度本意，但该方式也对企业的融资能力有了较高的考量。

该企业解决资金的方式，是通过同一集团控制下的金融机构，向特定对象发行面对合格投资者的金融产品，获取 PPP 项目所需资金。该企业集团发行的金融产品，为面对合格投资者的私募基金，该基金的收益来源于项目的未来现金流，且具有优先级的清偿等级。该种模式一方面把 PPP 项目的未来预期收入与个人合格投资者分享，另一方面又减轻了企业的融资压力，有助于推动 PPP 项目的资金筹集和落地。

但该方式对于企业的门槛要求较高，企业需要拥有相应的金融牌照，并可以发行该类金融产品，且该种基金投资，在法律监管上也存在一定的不确定性风险。根据 2017 年 11 月人民银行会同银监会、保监会（现已合并为银保监会）、证监会、外汇局等共同起草公布的《关于规范金融机构资产管理业务的指导意见（征求意见稿）》，未来该类基金的管理人不允许对投资人进行刚性兑付的承诺。指导意见第 29 条还明确了对于投资于单一投资标的私募产品(投资比例超过50%即视为单一),不允许设置份额分级。考虑到前述基金以单个PPP项目为模式进行发行,属于不得进行分级的基金,无法获得来自其他机构的优先级资金,有一定的不利影响。

此外,2018年1月12日,中国证券投资基金业协会发布《私募投资基金备案须知》,明确"私募基金的投资不应是借贷活动""(1)底层标的为民间借贷、小额贷款、保理资产等《私募基金登记备案相关问题解答(七)》所提及的属于借贷性质的资产或其收(受)益权;(2)通过委托贷款、信托贷款等方式直接或间接从事借贷活动的;(3)通过特殊目的载体、投资类企业等方式变相从事上述活动的。"上述不符合"投资"本质的经营活动不属于私募基金范围并不予以备案。对此项新的规定,PPP项目参与方应予以高度重视和严格遵守。

3. 在细分领域寻求专业化发展,规避竞争

提升自身专业技术,朝着专业化和规范化发展是民营企业在PPP模式中的出路。首先,民营企业可以通过规避在特定领域与国有企业正面交锋来节约资源和精力;其次,转向轻资产,例如科技、教育卫生等,回避现阶段的融资困难;最后,民营企业可以在特定细分领域加快聚焦实现更优良的管理、更高的效率,提升自身技术能力,充分发挥民营企业运营灵活、技术创新能力强等优势,从而实现效率提升。通过提升自己在某一领域的专业化地位可使得企业信用增强,加大对金融 企业的吸引力,融资条件优化,最终解决民营企业融资困难的问题。

对于私营投资者而言,进入和开发新市场也是一个潜在的激励。例如,法国电力集团在广西来宾B电厂项目中的成功经验使其能够在中国及亚太地区长期扎根;国家体育场作为北京2008年奥运建设项目的重要工程,受到北京市、全国甚至全世界的极大关注,国家体育场项目的成功中标和建造无疑为各参与单位带来巨大的广告效益。

4. 加强合作,实现优势互补

面对国有企业的强大竞争力,民营企业可通过合作的方式,发挥各自优势,大幅提升联合中标概率。福建纳川管材料科技有限公司、纳川基础

设施建设有限公司、广泽建设工程有限公司曾三强联手作为 PPP 项目的竞标联合体，分包管材研发、工程投资和资质提供，专注于自身专业领域。发挥长项，保证最终收益。福建财政厅有关负责人表示为解决单个民企体量小、无法参与重大项目合作的问题，福建省将积极鼓励一些民企以抱团成立项目公司的方式，参与 PPP 项目建设。

参考文献

[1]Frisari G，Falconer A. San Giorgio Group Case Study：Ouarzazate I CSP Update[J]. *Venice：Climate Policy Initiative*，2013.

[2]Enabling Environment for Private Sector Adaptation：An Index Assessment，International 11. FinanceCorporation， 2013， http://www. ifc. org/wps/wcm/connect/6060670042bd92b6b297be0dc33b630b/Enabling＋Environment＋for＋Private＋Sector＋Adaptation＋＋Stenek，＋Amado，＋Greenall. pdf? MOD＝AJPERES.

[3]Mapping the World Bank Group Risk Mitigation Instruments for Climate Change，Climate Policy Initiative，2013，http://climatepolicyinitiative. org/publication/mapping-the-world-bankgroup.

[4]戴慧 . PPP 项目相关税收政策存在的问题及政策建议[J]. 价格理论与实践，2017(11).

[5]黎毅，邢伟健 . PPP 项目“明股实债”问题的研究[J]. 海南金融，2017(11).

[6]孙琳 . 股权合作型 PPP 模式下国有资本必要控制权之实现[J]. 上海金融学院学报，2016(2).

[7]王俊豪，朱晓玲，陈海彬 . 民营企业参与 PPP 的非正式制度壁垒分析[J]. 财经论丛，2017(6).

[8]王善才 . PPP 模式退出机制多样性研究[J]. 财政监督，2017(14).

[9]曾晓安 . 用 PPP 模式化解地方政府债务的路径选择[J]. 中国财政，2014(9).

[10]赵成峰 . 我国 PPP 发展历程和法规政策基本取向[J]. 宏观经济管理，2017(10).

[11]刘薇 . PPP 模式理论阐释及其现实例证[J]. 改革，2015(1)：78－89.

[12]王丽娅 . PPP 在国外基础设施投资中的应用及对我国的启示[J].《海南金融》，2003(11)：36－40.

[13]李哲．国外 PPP 发展动态述评[J]. 建筑经济，2014，(1)：5－8.

[14]刘晓凯．全球视角下的 PPP：内涵、模式、实践与问题[J]. 国际经济评论，2015(4)：53－67.

[15]柯永建，王守清，陈炳泉．英法海峡隧道的失败对 PPP 项目风险分担的启示[J]. 清华大学学报，2008(12)：98－102.

[16]莫莉．英国 PPP/PFI 项目融资法律的演进及其对中国的借鉴意义[J]. 国际商务研究，2016(5)：53－64.

[17]叶秀贤，孙慧，范志清．韩国 PPP 法律框架及其对我国的启示[J]. 国际经济合作，2011(2)：52－55.

[18]梁时娟，张子龙，王守清．中、英、日、韩 PPP 项目模式的政府管理比较研究[J]. 项目管理技术，2013(5)：17－21.

[19]杨雅琴．加拿大运用 PPP 投资公共项目的经验借鉴[J]. 地方财政研究，2016(4)：40－45.

[20]杨金亮．绿色项目 PPP 发展问题与改进建议[J]. 招标实务，2017(9).

[21]刘楠．绿色发展新理念下的 PPP 模式创新实践研究[J]. 物流工程与管理，2017(7).

[22]蓝虹．建构以 PPP 环保产业基金为基础的绿色金融创新体系[J]. 环境保护，2015(4).

[23]蓝虹．PPP 创新模式 ：PPP 环保产业基金[J]. 环境保护，2015(1).

[24]李妍．绿色 PPP 支持开发区基础设施建设的适用性评价研究[J]. 技术经济与管理研究，2018(2).

[25]马晓明．中国绿色金融背景下 PPP 模式的发展及建议[J]. 现代管理科学，2017(9).

[26]兴业证券研究院．海外 PPP 运作模式分析，2017(5).

[27]民营企业参与 PPP 项目“双降”原因探析及政策建议，明树数据．

[28]中国人民银行．关于规范金融机构资产管理业务的指导意见(征求意见稿). 2018.

[29]柯永建，王守清，陈炳泉．激励私营部门参与基础设施 PPP 项目的措施[J]. 清华大学学报 (自然科学版)，2009，49(9).

[30]赵洋．给民资良好预期是推进 PPP 关键[J]. 中国金融家，2016(10)：140.

[31]陆佳佳．中国 PPP 发展现状、困境与建议[J]. 中国市场，2016(11)：46－47.

[32]国务院办公厅．关于进一步激发民间有效投资活力促进经济持续健康发展的指导意见．2017.

[33]韩志峰．坚定信心，民营企业参与 PPP 项目“大有可为”，2017 年政府和社会资本合作(PPP)年会．

[34]江蓓蓓．窥探英国绿色投资银行管理模式[EB/OL].(2015－03－30)[2019－06－02]. http://huanbao.bjx.com.cn/20150330/603046.shtml.

民营企业参与“一带一路”：金融需求异质性与供给匹配度研究

谈儒勇[①] 赵晓菊[②]

一、序 言

中共十九大报告向世人描绘了中国未来发展的美好前景。十九大报告提出两个目标：对内，实现中华民族伟大复兴；对外，推动构建人类命运共同体。“一带一路”倡议自提出以来，深受国际社会的欢迎。目前，“一带一路”沿线国家有65个（不包括中国），但参与“一带一路”建设的国家和组织的数量远远不止这些。“一带一路”建设的推进，一方面成为构建人类命运共同体的重要载体；另一方面，“一带一路”倡议的实施需要中国的担当，或者说，中华民族若能实现伟大复兴，则将保证“一带一路”建设的有效推进。因而，“一带一路”倡议在新时代具有特别重要的价值。

另外，一个国家或民族的强大需要企业的强大。而从国际经验看，强大的企业一般来自民企。一个例证是，全球最大的品牌咨询公司 Interbrand 于 2017 年 9 月发布了 2017 全球最具价值品牌 100 强排行榜。中国内地民企品牌华为排名最高，位列第 70 位，联想排名第 100 位，内地没有一家国企上榜。排名前十的品牌主要以科技、汽车为主，分别为：苹果、谷歌、微软、可口可乐、亚马逊、三星、丰田、Facebook、奔驰、IBM。这些企业全是民企。

“一带一路”倡议的提出与实施给我国民营企业提供了进一步发展的

---

① 谈儒勇，上海财经大学上海国际金融中心研究院副院长、副教授。

② 赵晓菊，上海财经大学上海国际金融中心研究院院长、教授。

作者感谢王姝雯、陈实、李卓远、葛馨、潘识远等人在报告撰写中的协助与支持。

空间与施展身手的舞台。民企参与“一带一路”建设既因响应国家号召容易得到政策扶持,也是“走出去”将自身做大做强的良机。

民企参与“一带一路”建设需要诸多保障条件,其中一个重要条件便是金融支持。金融支持既体现在国内的民企能享受大体公正的金融待遇,也体现在走出国门的民企在东道国有渠道、有办法获得所需的金融服务。从这两方面看,中国金融体系的发展现状尚有一定差距。本文正视这些差距,通过剖析民营企业参与“一带一路”建设所需金融服务的差异性与异质性(主要做对比分析,如民企与国企对比,中小企业与大企业对比),立足于制度设计与金融供给侧结构性改革,实现金融供给与民企金融需求的匹配。

本课题通过深入走访、调研民营企业、金融机构,通过引入数据与案例,从金融服务的需求方(民企)、供给方(金融机构)以及政府(包括中央与地方)等三方入手,针对中国的实际情况,提炼出改进民企参与“一带一路”建设的制度环境与金融生态环境的若干举措,以此推动民企投身海外实业,将自身具有的比较优势与东道国潜在的投资机会紧密融合。通过外延式扩张与内生性增长,促使企业更强,从而推动十九大报告提出的美好愿景早日实现。

当前,在严监管、控风险的背景下,“一带一路”金融创新所面临的监管环境相对有利和宽松。第五次全国金融工作会议对“风险”提了 29 次,对“监管”提了 22 次,而对“创新”只提 4 次(2 次是“创新金融调控”,1 次是“创新驱动发展”,唯一涉及金融创新的是“要推进‘一带一路’建设金融创新,搞好相关制度设计”)。未来的金融创新应朝支持“一带一路”建设方向转变,而本文正迎合了这一潮流。

二、民企参与“一带一路”建设概述

(一)参与方式

民企是“一带一路”建设的重要参与主体,民企相对于国企在境外投资上的主要优势是不存在过多的政治障碍。在国际上,市场化程度较低即政府可操控程度较高、透明度较低的企业很难获取合格投资者的资格，尤其是美国 BIT 范本直接将国有企业视作政府的代表，这会对国有企业的海外投资产生较大政治障碍。民企则在高新技术、能源资源、军工等敏感领域和重大海外并购项目上具备较好的商业形象，更易获取市场准入机会。

目前，民企参与“一带一路”主要有以下几种方式。

1. 商品和服务贸易

这是企业在跨国运作中最基础的模式，通过贸易的方式直接将产品出口到国外或进口国外产品。中国的企业在沿线国家和地区从事贸易活动，当属此种类别。

2. 工程承包和劳务合作

在海外进行工程项目承包也是最为常见的中国企业“走出去”模式之一，同时通过劳务合作等方式向海外输送人才。在建筑工程方面中国企业具有领先技术、丰富经验以及大量人力资本，工程项目承包的范围涵盖咨询、规划、设计、施工、运营等多个环节，带动先进技术、装备、标准、服务、劳务等全产业链输出。国企在对外工程承包方面占据绝对优势，民企则通常采取与国内企业合作进行项目股权投资、通过企业联合体的方式在外设立工程公司、与海外企业合作设立中外合资企业等方式进行。

3. 设立工业园区实现抱团“走出去”

这是当前民企参与“一带一路”较为推崇的方式之一，通过在“一带一路”国家建立工业园区，鼓励企业抱团“走出去”。比如，通过实力较强的民企牵头投建境外产业园，带领更多的企业抱团“走出去”，参与“一带一路”建设。

4. 设立海外子公司、设立中外合资企业、并购投资

“一带一路”海外投资设厂、合资、并购的主要目标就是实现国内产能转移、合作获取新发展空间、获取海外优势资源和技术、凭借优势技术品牌实现全球化布局。具体来说，一是产能转移或者合作获取新发展空间，如本国企业通过在海外建厂获得国外新的市场，化解国内生产成本提高、

企业税负重等竞争压力，利用国外优势要素（比如土地、劳动力、税收优惠），降低生产成本，提高生产效益以增厚利润；二是获取海外优势资源和技术，便于企业打开国际市场，降低企业“走出去”的试错成本，帮助实现本企业的国际化布局；三是凭借优势技术及品牌等实现全球化布局，包括设立海外销售网络、业务分支机构、研究机构等，其中以华为、美的、吉利、联想、小米等作为典型企业。

（二）参与现状

1. 民企“走出去”发展较快

随着我国对外直接投资加速，逐步辐射全球，民营企业正逐渐走出在国际产业价值链中处于中低端的尴尬境地，国际化经营能力显著提升。目前，中国与“一带一路”沿线国家的产能合作正处于起步阶段，项目规模小、风险未知且防范困难、运营难度大等都会对企业参与“一带一路”造成较为不利的影响。但是不可否认，随着“一带一路”倡议的推进和民营企业自身能力的加强，这些情况都将逐步改善。

根据《“一带一路”大数据报告(2017)》中的统计，影响力排名前50的企业中，民营企业占42%，央企和地方国企分别占36%和20%（见图2.1）。

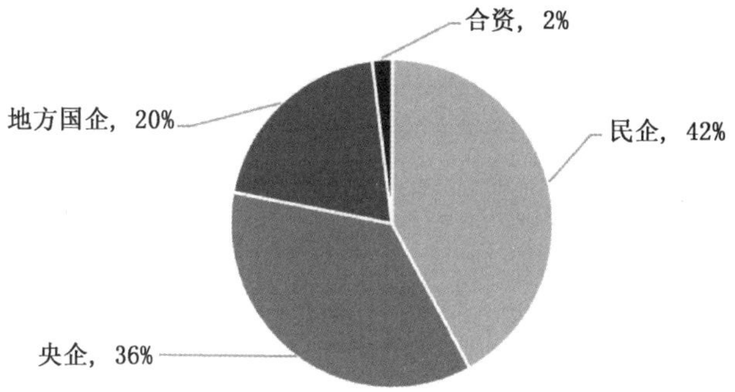

数据来源:《“一带一路”大数据报告(2017)》。

图2.1 “一带一路”影响力排名前50企业的构成(按所有制)

根据《2016 年度中国对外直接投资统计公报》，2016 年中国非金融类对外直接投资存量 11 800.5 亿美元，国有企业和非国有企业投资存量差距不大，其中国有企业占 54.3％，非国有企业占 45.7％，而在 2006 年国有企业占比 81％，2006—2016 年国有企业占比递减，民营企业逐步成为“走出去”的重要力量（见图 2.2）。“一带一路”倡议实施多年，民营企业参与程度逐步加深，从近年来的成果看，工商联统计数据显示，2015 年民营企业 500 强中参与“一带一路”建设共 183 家，占比 36.6％，同比净增 118 家，增加 82％；2016 年继续稳步增长，民营企业 500 强中有 210 家参与“一带一路”建设，占比 42％，净增 27 家，同比提高 18.09％。[①]

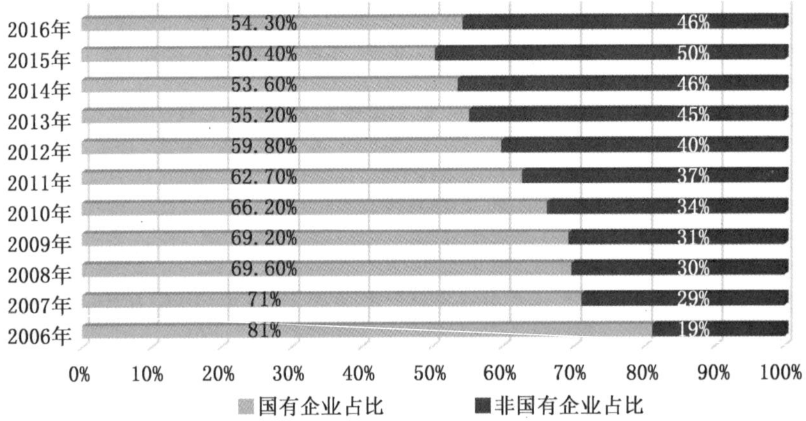

数据来源：《2016 年中国对外直接投资统计公报》。

图 2.2　2006—2016 年中国对外直接投资国有与非国有占比

综上，民企当之无愧地成为近年来“一带一路”建设的生力军。以个案为例，在商品和服务贸易方面，2016 年 1 月 21 日，信威集团[②]控股子公

① 数据来源：《2017 中国民营企业 500 强调研分析报告》，全国工商联经济部 2017 年 8 月发布。

② 信威集团成立于 1995 年，2003 年上市，目前拥有员工近 2 500 人，主要从事无线通信业务，是 SCDMA 产业联盟的发起人之一，并推动其成为无线通信的主流标准之一，总部及研发中心位于北京。

司分别与爱尔兰和英国的电信运营商签订关于 McWiLL① 设备的买卖框架协议，用于爱尔兰和北爱尔兰境内建立移动通信网络并提供公众电信服务。协议总金额约为 1.14 亿美元。在工程承包和劳务合作上，2014 年，宝鹰股份②通过控股子公司印尼宝鹰与印尼柯世模公司签署“钻石”建筑群工程项目工程总承包合同，提供咨询、规划、设计、施工等个性化的开发建设整体解决方案，项目总金额为 1.613 亿美元，毛利率达 44%，占公司当年主营业务收入的 19%。设立工业园区方式近些年被广泛采用，其中又主要集中于南亚等地理位置较近、安全系数较高的地区，如主营纺织服装的红豆集团③在柬埔寨西哈努克港牵头投资建成当地最大的经济特区西哈努克港特区，以纺织服装、箱包皮具、五金机械等传统产业为主。目前占地 5 平方公里的园区内已建有 148 栋厂房，吸引了 103 家企业入驻，其中包括 88 家中资企业。此外，华立集团④与 AMATA 集团在泰国罗勇府建立中泰罗勇工业园，也成为工业园区形式“走出去”的一个典型案例：2013 年前工业园区招商一直处于相对困难状态，七年时间入驻企业不到 40 家，工业园区配套也相对不完善。在 2013 年“一带一路”倡议提出之后，两年内入驻企业达到 30 多家，仍有约 20 家企业等待入驻。至今罗勇工业园区年总产值已超 10 亿美元。2016 年 8 月 19 日，习近平主席在“一带一路”建设座谈会上也对工业园区的从“单打独斗”到“抱团出海”再到“搭建产业服务平台”战略模式表示肯定。

2. 上海民企“走出去”成绩斐然

总体来看，2016 年地方企业对外非金融类直接投资流量达 1 505.1

---

① McWiLL，多载波无线信息本地环路，是国内北京信威通信自主研发的移动宽带无线接入（BWA）系统。

② 深圳市宝鹰建设集团股份有限公司，成立于 1994 年，2013 年上市，主要承担各类建筑的室内外装饰工程，中国建筑装饰行业 100 强企业。

③ 红豆集团，创立于 1957 年，主要从事纺织服装，如今拥有 12 家子公司，总部位于江苏无锡，目前成为集科研开发、生产制造、全球贸易为一体的大型民营企业集团，2017 年中国民企 500 强中位列 82 位。

④ 华立集团创立于 1970 年，目前是一家综合业务集团，涉及医药、仪表及电力自动化、生物质燃料、新材料等领域，2017 年中国民企 500 强中位列 331 位。

亿美元，同比增长 60.8%，占全国非金融类流量的 83%，是 2016 年中国对外直接投资的主力军，而其中上海 2016 年流量突破 200 亿美元，创地方对外投资新高，排名第一（见表 2.1）。

表 2.1　　2016 年地方对外直接投资流量前十位的省市区

序号	省、市、区名称	流量（亿美元）	同比（%）
1	上　海	239.68	3.4
2	广　东	229.62	87.2
3	天　津	179.40	609.9
4	北　京	155.74	26.8
5	山　东	130.24	83.2
6	浙　江	123.14	73.2
7	江　苏	122.02	68.3
8	河　南	41.25	214.2
9	福　建	41.19	49.4
10	河　北	30.13	220.5
	合　计	1 292.41	

数据来源：《2016 年中国对外直接投资统计公报》。

同时，《上海市民营经济发展现状和分析报告》显示，2012—2016 年，上海民营经济总量规模不断扩大，民营经济增加值由 2012 年 5 379.37 亿元提高至 2016 年的 7 314.25 亿元，增长 36%，增速惊人，2016 年占全市税收的比重超过 1/3。其中在 2016 年 11 月 30 日上海市工商联主办的"引导推动民企走出去参与'一带一路'建设"2016 外交官与民营企业家交流活动中可以看到，仅 2016 年上半年上海就共备案对外直接投资项目 782 个，备案对外直接投资中中方投资额 205.2 亿美元，同比增长 13.1%，而其中民营企业 672 家，投资额 156.2 亿美元，占比分别达到 85.9%和 76.11%。由此可见，民营企业已成为上海对外投资的主体。

上海积极引导民营企业参与"一带一路"建设。2014 年 8 月，中民投①在上海挂牌成立，将"聚合资本能量、释放机制活力、服务国家战略"

① 中国民生投资集团是经国务院批准、全国工商联发起、国内 60 家大型民营企业联合设立、国内第一家"中字头"大型民营投资集团，于 2014 年 8 月在上海挂牌成立。

作为自身的责任和使命，积极引领民营企业参与“一带一路”建设。在近年来的发展中，中民投斥资 26 亿美元收购全球第二大再保险公司美国斯诺保险，为中国民营企业“走出去”提供保障；在新加坡成立国际控股投资平台，成功引入韩亚银行、特变电工、新鸿基等有实力的投资者；牵头成立“一带一路”产业投资基金，将此作为合作开放、互惠共赢的平台，加大柬埔寨等“一带一路”沿线潜力国家的投资力度；牵头发起 100 亿～150 亿美元的亚联投海外基金，重点关注发达经济体以及“一带一路”沿线国家的养老医疗、高新技术、金融科技及新兴产业的发展，向国内民营企业提供建议及投资机会。

不仅中民投这种大而全的民营企业找到了自身发展路径，一些小而美的科技型民营企业也在“一带一路”建设过程中准确抓住机遇，实现了快速发展。2015 年 5 月 12 日，上海奥威科技[①]成为中国—白俄罗斯工业园第一批入园的七家企业之一，成功地将自主创新的超级电容特色产业融入了丝路经济，并且成为在项目建设期间就获得白俄罗斯政府订单的首家入园企业。在这一过程中，奥威科技将与白俄罗斯企业合作，在明斯克建设年产 100 万台超级电容器产业基地，为电动城市客车和储能式有轨电车提供核心部件，此项目未来 5 年将为“一带一路”带动近百亿元规模的产业。凭借国际领先的技术，奥威科技的超级电容器不仅被中白工业园评审为最具竞争力的技术项目，还通过了欧盟的 RoHS[②] 及 CE[③] 和 UL[④] 认证，分别与保加利亚和以色列签订合同。由于保加利亚和以色列此前没有这类行业标准，奥威科技的标准或成为其行业标准。目前正在与奥威科技合作和有合作意向的国家还有荷兰、澳大利亚、伊朗、沙特、塞

---

① 上海奥威科技开发有限公司，由多家民营企业与国有企业共同出资组建的有限责任公司，属于新能源行业，技术水平处于世界领先地位，开发了从 3.6V 到 720V 的超级电容器组件。

② RoHS 是欧盟立法制定的强制性标准，全称为《关于限制在电子电器设备中使用某些有害成分的指令》。

③ 在欧盟市场“CE”标志属强制性认证标志，表明产品符合欧盟《技术协调与标准化新方法》指令的基本要求。这是欧盟法律对产品提出的一种强制性要求。

④ UL 即美国保险商试验所，是美国最有权威的，也是世界上从事安全试验和鉴定的较大的民间机构。

尔维亚等。

值得注意的是奥威科技的案例中，中国电动汽车行业的技术标准首次被发达国家直接采用。标准是产业的技术准入门槛，因此在国际贸易领域，标准也可以代表话语权，掌握标准就能够参与制定游戏规则、主导相关产业。根据上海市标准化体系建设发展"十三五"规划，到2020年上海要建设成为标准化创新生态环境良好，国内引领、国际有影响力的标准化高地。尤其是在船舶、汽车、中医药等领域的重点技术标准达到国际先进水平，新增主导制定关键性国际标准10余项。相信未来还将有更多上海标准随着民企"走出去"而获得国际认可。

3. *存在问题*

从以上的数据和案例可以发现，在包括上海市在内的许多地区，民营企业已经成为"一带一路"建设的生力军。但是，我们也必须认识到，民营企业参与"一带一路"建设仍处于初始阶段，投资存在一定的盲目性，对风险的认识和管控比较薄弱；而外部环境方面，国内并没有建立促进跨国合作的有效机制，且服务体系建设较为滞后，无论是政策、信息支持还是金融服务都无法较为完备地满足企业"走出去"的客观需求。

(1)融资困难，保险昂贵

目前，部分金融机构对民企和国企的金融需求仍无法做到一视同仁。国企"走出去"大部分情况下服从国家利益，承担基建等长周期的大型项目，而民企更加关注商业效益，并且它们更倾向于能够较快获得收益的项目。从这一点来看，两者对融资的数量和期限要求就大有不同。除了少数大型民企，绝大多数民企需要的资金规模并不大，因而缺乏规模效应，金融机构为其服务的积极性不高。而很多民企在境外新设立企业，尚未在投资国建立良好的市场声誉，从境外银行获得贷款的难度很大，并且境外资产也无法用于国内抵押，因此无论国内国外，在"走出去"过程中民企都有融资困境，发展受到较大限制。其次，区别于国企的融资可由母公司或大股东做担保来缓释信用风险，民企很难找到能够为其担保的企业，往往不得不以股权质押的方式从银行等机构融资，而如此一来，对上市民企来说会造成股价波动甚至酿成质押危机，对非上市民企来说则可能导致控制权旁落，这些都不利于企业的稳定经营。民企参与“一带一路”获取融资相对国企更为不易。国企可以凭借潜在的国家信用为其背书，从而以较低的成本获取资金。与此同时，“一带一路”作为国家倡议，政策也自然会对参与其中的国企有所倾斜，因而部分国企甚至可以动用政策性金融支持。民企则难以享受这样的待遇，其由于信用等级偏低、抵押物不足进而导致融资成本较高，即便有较好的投资项目，也可能因为资金难以获取而导致项目流产。

相对于大型的国企，民企大多业务集中而且资金有限，因此对风险承担能力更弱，更加需要保险的存在。但是在境外投资保险方面，目前只有部分机构能够提供，如中国出口信用保险公司，而且保险范围只限于战争、汇兑限制、政府违约等政治风险，并且费率较高。

针对以上问题，可以通过财政支持、税收激励、健全金融支持体系及创新金融服务模式等对民企进行帮助。对民企在沿线国家投资、符合国家战略方向的重点项目、研发投入等给予必要的财政补贴、贷款贴息等财政支持，对投资活动的保费给予财政补贴，并且政府还可以进一步研究向其他补贴种类扩展；税收方面，对民企境外投资所需的重要零部件、设备和技术的出口采取税收优惠，并对投资活动发生的部分费用在税前抵扣等；加大亚投行、金砖银行和其他政府性基金对民营企业的支持力度，同时国开行、进出口银行等政策性银行应加强与商业银行合作，支持其在“一带一路”沿线地区多设网点，拓展服务范围，并且一定要做到一视同仁，为民企提供便利化服务。

(2)行政支持不足，信息匮乏

企业参与“一带一路”的现行法规体系由过去境外投资管理体制演化而成，因此仍留有“以项目审批为主、资本项下管控、限制对外投资”时期的烙印，民企在参与“一带一路”建设中受到的行政性限制较多，比如项目审批相对国企更为严格。中国在风险防控上一直较为严格，而监管层对于民企高风险的固有印象导致了相对于国企，对民企的项目投资审查把控更严。与此同时，民企还需要向多个国家机关申请审批，耗时较长，繁复的行政手续极有可能令企业错失商机。其次，民企的信息获取能力较弱，信息不对称直接导致企业“走出去”具有一定的盲目性。目前政府部门对企业跨国直接投资的方向、重点、行业导向、区域布局等关键问题缺乏有效引导，企业获得信息的渠道有限，投资带有很大的盲目性。最后，民企缺乏“一带一路”的相关人才。目前“一带一路”建设相关人才较为稀缺，市场上很难招聘到兼具商务、法律、财务、知识产权和语言等各类知识的复合人才，通晓不同国家文化、熟悉国际经营规则的国际化人才则更加稀缺，很难为民企所得，这对民企境外投资也造成不小的障碍。

针对以上问题，重要的就是建设好信息发布平台和对外服务体系。目前国家发改委建立了“一带一路”信息网络平台，在此基础上应进一步完善信息发布工作，详细发布沿线国家政治、经济、社会、产业、投资需求等情况，定期发布国别研究报告，为民营企业投资提供全面信息服务。同时要加快建设国际化服务体系，培育一批开展国际业务的中介机构、商会协会、海外华人华侨社团，在国际法律、会计、审计、评级、投资咨询、资产评估、人才培训等领域为民营企业“走出去”提供配套服务，在投资集中的国家，设立商会协会分支或办事机构。

(3)竞争无序，缺乏公平

与国有企业相比，民营企业在财政支持、融资支持、项目支持、信用支持、外汇支持、专业指导等方面得到的帮助相对不足，无法以与国有企业平等的地位参与“一带一路”建设，同时在与国有企业竞争某些项目时，存在国有企业以其特殊地位压迫蚕食民营企业市场份额的情况，这些都在一定程度上削弱了民营企业在“一带一路”建设中的能力。另外，在人才获取方面，同等条件下，民营企业难以与国有企业竞争获取优秀的专业人才，而且民营企业之间交流不足，无法像国有企业之间那样由主管部门进行人才的适当调配，人才流通也较为困难。

民营企业之间也存在无序竞争的问题。有些同业企业之间经常发生恶性竞争，最终造成两败俱伤，由于非洲、中东等地的项目投标和产品销售等技术要求不高、产品同质化严重,因而这一情况尤为明显;还有一些企业不熟悉国际规则、东道国法律法规,并且在竞争时也不履行企业社会责任,对同业其他企业在当地的经营甚至国家的形象造成不良影响。

针对上面的问题,政府重在提升民企国际化素质和能力。首先要加强教育引导和规范约束,引导民企增强"中国企业"的国家形象意识、守法用法的合规意识、求真务实的诚信意识、审慎理性的风险意识。在民营企业的竞争中,政府可以和商会等民间组织一起来协调民营企业在"一带一路"建设中的利益,避免民营企业之间在某些项目上恶性竞争、自损形象的行为,最终促成民营企业"抱团走出去"的格局;其次,政府应创造条件为民企提供更多适合"一带一路"建设的人才,组织和强化"一带一路"国际化人才培养,建立企业国际化人才支持体系。根据"一带一路"国家的国情培养一批跨文化复合型人才,这些复合型人才应当通晓当地语言、熟知当地法律法规、了解当地文化风俗,能够为民营企业海外拓展提供强大的智力支持;最后,在针对国有企业和民营企业竞争的问题上,一方面需要严格规范国有企业的竞争手段,禁止国有企业不正当压迫民营企业,另一方面通过建立产业平台或商会等引导民营企业抓准自身适合的竞争领域,鼓励其合理参与竞争。

三、民企参与"一带一路"对金融服务需求的异质性

(一)概述

"一带一路"是个广泛参与、超长周期的战略,蕴含大量商业机会,为民企提供了难得的发展机遇。据统计,目前已经有 100 多个国家和国际组织参与"一带一路"倡议实施,我国已经与 40 多个国家签署了"一带一路"合作协议,并与 30 多个国家签署了产能合作(新华社,2016)。"一带一路"倡议显露出勃勃的生机,民营企业正在拥抱这一伟大战略,同时也面临着挑战。

从经济发展条件来看,沿线 50 多个国家自然资源、能源储备都非常丰富,经济发展基础较好,但开发不足,在当前国内去产能、产业升级、结

构调整的背景下,"一带一路"为民企"走出去"提供了非常难得的商业机会。同时,以空间换时间也为民企加快转型升级提供了良好的时机。从潜在市场空间看,65 个国家的人口一共 44 亿人,经济总量达到 21 万亿美元,分别占全球的 63%和 29%;产业比较落后,在基础设施、城市综合开发、产业发展、并购重组、物流、农业、跨境电商等方面存在大量的投资机会,还有大量的跨境金融服务需求。从双边合作需求来看,我国与沿线国家经济互补性比较高,合作需求强烈,我国具有较强的基建能力,资金也比较富裕,而工业体系和基础也比较完备,产品门类比较齐全,深受沿线发展中国家的欢迎。截至 2016 年底,我国企业已经在沿线 20 多个国家建设 56 个经贸合作区,涉及多个领域,累计投资超过 180 亿美元,为民企提供了良好的投资发展平台。

事实上,民营企业也成为推动"一带一路"倡议实施的主力军,2014 年双创、商事制度改革、简政放权等系列措施推出以来,民企数量增长比较迅猛。2017 年 1 月—11 月,我国企业对"一带一路"沿线的 59 个国家有新增投资,合计金额达 123.7 亿美元,占同期总额的 11.5%,比上年同期增加 3.0 个百分点。"一带一路"沿线的 61 个国家新签对外承包工程项目合同金额达 1 135.2 亿美元,占同期总金额的 54.1%,同比增长 13.1%;完成营业额 653.9 亿美元,占同期总金额的 48.7%,同比增长 6.1%。在不同领域,国企和民企有着各自不同的优势,在基础设施建设、重大产能合作等重资产领域,国企有明显优势;而在产业园区建设、制造业与商贸业投资等领域,民企的优势更为明显。从"一带一路"投资企业影响力来看,民营企业成为"一带一路"建设中的重要力量。在"一带一路"影响力排名前 50 的企业中,民营企业占比为 42%,央企和地方国企占比分别为 36%和 20%。在投资东盟方面,民营企业作用尤其突出(国家信息中心,2017)。总体来看,随着"一带一路"倡议的实施,进驻沿线国家的企业类型趋向多元化,更多的民营企业开始关注这些海外市场。而这些民营企业又面临以下三方面的现实需求:①资源配置的需要,在全球范围内完善产业链,并在价值链高端环节占据有利地位;②开拓市场的需要,利用国际市场求生存;③应对新常态的需要,以空间换取转型升级的时间。

民营企业参与"一带一路"项目,其具体的金融需求可分为以下四类:①信息和咨询类需求,如建立金融信息服务体系,加强对"一带一路"沿线国家的研究,降低产能合作的风险;②金融服务需求,如融资等,需提升服务便捷度;③风险抵御需求,尤其是外汇风险;④政策性需求,与国企相比,民企金融需求异质性主要体现在政策性需求上,例如信贷、保险、担保、税收等政策。

而根据统计,我国A股上市企业中60%是民营企业,创业板当中90%是民营企业,中小板当中近80%是民营企业。民营企业的经济实力和竞争地位也大幅提升,许多民营企业不仅成为国内行业龙头企业,而且开始在国际上崭露头角,据世界500强数据显示,2016年入围的民营企业数量由2015年6家增至16家,中国企业500强当中,民企数量从2011年184家增加到2016年205家,占比由37%提高到了41%。民营企业对外投资和对外贸易也已经跃居首位,从进出口贸易看,2015年民企出口占比达到46%左右,开始超过外企,位居首位,成为对外贸易主力军;从对外直接投资看,2015年我国已经成为净资本输出国,民企"走出去"的热情日益高涨,投资主体由国企为主变为民企为主,民企对外投资流量占65%左右,存量占36%,民企数量也已经占到87%,境外并购金额也占到了当年的76%左右,在数量和金额上均超过国有企业。所以,民企参与"一带一路"的金融需求不容忽视,尤其要分析民企金融需求异质性的原因,从而为其参与"一带一路"提供更好的金融服务。

(二)民企缺乏母国政府的支持

1. 缺少母国的法律保护

我国现有的海外经济保护法律较少,存在着法律位阶低、法律责任不明确、管辖机构混乱甚至存在法律管辖盲区等一系列问题。官方信用机构、政策性金融机构的政府背景容易招致外国政府或机构的质疑,而境外经济活动上位法的缺失也将使中国失去通过国内法的强制力来管辖境外经济利益这一重要保障手段。所以民企在参与“一带一路”时缺乏母国的相关法律保护。

2. 严苛的行政性限制

民企在参与“一带一路”中受到的行政性限制较多，比如，项目审批相对国企更为严格。我国在风险防控上一直较为严格，而监管层对于民企高风险的固有印象导致了相对于国企，对民企的项目投资审查把控更严，繁复的行政手续极有可能导致贻误商机。在其他国家，企业“走出去”虽然需要报备，但他们有一套监管法规且限制较少。而我国现有的政策法规难以满足民营企业“走出去”的需要，存在着一事多政、政策规定滞后、操作性不强等问题。

3. 政府的过度介入和区别对待

近年来，政府对企业“走出去”的态度从一律支持转为区别对待，“一带一路”对外投资的边界正逐渐明晰，而其中的关键在于甄别其行为属“海外投资”还是“资产转移”。例如，商务部对万达集团海外投资是否出现风险的回应是，建议企业在部分行业审慎决策投资计划。

目前，民企海外投资被限制的行业主要有四条判别标准：通过并购不能给国内带来紧缺资源；通过并购不能给企业带来技术；不能给国内带来就业机会；企业估值具有巨大的弹性空间。四条标准大致划分了“海外投资”与“资产转移”的界限，但并不十分清晰。

企业“走出去”，在外汇政策、通关政策、安全保障、财税政策、保险政策、产业导向、信息服务等方面，都需要政府资源的支持。而目前国企在财税政策支持、国别产业导向政策、保险政策支持等方面，获得的帮助明显多于民企。相比而言，民企“走出去”获得的政府资源较少。一项调查数据显示，83.1%的国企表示在“走出去”过程中得到了各级政府不同程度和不同层面的帮助，而这个比例对于民企来说是 70.1%，比国企低 13 个百分点（山石，2014）。可见，政府给予民企与国企的待遇尚有差距，区别明显。

4. 信息渠道不畅

由于“一带一路”沿线国家众多，其人文、历史、发展阶段，以及与中国的历史渊源和地缘关系都有巨大差别，所以“走出去”的民营企业往往难以掌握足够相关信息以区别对待、趋利避害。在对外直接投资中，由于对东道国的政治社会环境和商业制度惯例等掌握不充分，投资方向选择存在一定盲目性，常出现多家中资企业竞相加价和溢价过高的情况。对外投资只偏重政府关系，忽视与当地非政府组织和国际公民社会打交道，从而导致项目因环保、民生等问题频频受阻。故而如果母国缺乏一个统一、集约的信息研究和情报分析系统，则无法满足“走出去”的企业日益攀升的金融信息需求。

民营企业了解政府奖补政策的渠道不通畅，所以在参与“一带一路”中享受各种奖补政策困难重重。例如，河南省经研银海种业有限公司①于2015年9月偶然获知商务部、财政部对当年参与对外投资合作项目有贷款贴息政策。2015年，该公司在塔吉克斯坦投资1400万元建设种子加工厂，可申请财政贴息61.39万元。按规定，绿色通道项目通过了评审后，财政部的贴息资金应如期下拨，但是层层下达到郑州市财政局时，该局却以该项目未经该局申报为由，拒绝支付。该公司因此并未享受到贷款贴息等奖补政策，无形中增加了利息成本、减少了利润。

鼓励企业“走出去”需要建立一套完备的服务体系。而我国的外事服务和领事保护、国内税务、知识产权、处置境外法律纠纷等中介服务体系还不够完备。由于国内相关配套服务的不足，造成了无序竞争。中介服务缺乏组织、服务体系发展较为落后、政府间的协调机制比较缺乏等都对民营企业参与“一带一路”产生制约。

---

① 河南省经研银海种业有限公司于2007年11月注册成立，注册资本3 000万元人民币，由河南省农业厅批准成立，集研发、生产、加工、销售、服务于一体的科研型、现代化、国家化种子公司。该公司在塔吉克斯坦成立有农业科学研究中心并注册分公司，欲投资6 000万元在塔建设成中亚国家最大的现代化种子加工园区。

(三)民企缺乏资金与担保支持

1. 缺乏资金支持

融资难、融资贵几乎是“走出去”的民营企业一致的难题。例如河南省经研银海种业有限公司从 2011 年起,承担我国和塔吉克斯坦两国政府间农业合作项目建设。项目建设所需的 1.2 亿元资金全部靠自筹,唯一获得的政府资金支持是我国农业部每年三四十万元的人才交流培训补贴。该公司曾于 2015 年 4 月参加国家发改委举办的“一带一路”重大项目推进会,该会旨在协调国家开发银行和进出口银行等银行给企业发放长周期、低利率的优惠贷款。然而参会的几乎全是央企,该公司作为唯一的民营企业欲贷款 2 000 万美元被银行婉拒。

国内金融机构普遍缺乏长期稳定、低成本的外汇资金来源,开展外汇贷款的意愿不是很强。国内银行的美元信贷利率比外资普遍高 1.5—2 个百分点,抬高了企业境外融资成本。

民营企业“一带一路”融资机制需要改进。最大的问题是银行对民营企业的支持不够,尤其是工程履约保函额度太小。民企和央企的融资待遇差异大,导致即使好的民企也很难拿到免担保、免抵押的纯信用额度。

2. 缺乏担保支持

区别于国企的融资可由母公司或大股东(可能就是母国政府)做担保来缓释信用风险,民企找到为其做担保的企业很困难,往往不得不以股权质押的方式从银行等机构融资,但这样做的后果是:若是上市企业,其股价相对不稳定;若不是上市企业,则在违约发生时会导致控制权的旁落,不利于企业的稳定经营。民企参与“一带一路”获取融资相对国企更为不易。国企可以凭借潜在的国家信用为其背书,从而以较低的成本获取资金。

与此同时,“一带一路”作为重要国家战略,政策也自然会对参与其中的国企有所倾斜,因而部分国企甚至可以动用政策性金融支持。民企则难以享受这样的待遇,其由于信用等级偏低、抵押物不足进而导致融资成本较高,即便有较好的投资项目,也可能因为资金难以获取而导致项目流产。

政策性担保机构的设立可解决部分民企的担保难问题，但并不是所有的民企都可获取政策性担保机构的青睐，即使能获得担保的民企，其还需要付出额外的担保费，无形中也增加了企业的融资成本。

（四）民企自身短板

全国工商联调研显示，目前“走出去”的民企不同程度存在以下几大问题：①自身短板比较突出，主要包括治理结构不健全，大部分民营企业没有建立现代化的企业制度，缺乏科学有效的治理机制。②市场竞争力不强，研发投入不足，产品技术含量比较低，创新比较少，研发费用仅占6.4%，部分企业公众形象不佳。③在海外投资方面，盲目追求短期利益，肆意开采自然资源，环保意识和法治意识比较淡薄，造成投资所在国的不满和冲突。④对国外市场了解不充分，前期调研不充分，细节掌握不充分，在投资当中遇到各种各样的问题。⑤经济管理人才比较缺乏，合作意识不强，抱团投资比较少，对民营企业参与“一带一路”形成了内部制约。例如，有的同行业企业在“走出去”过程中恶性竞争，造成两败俱伤；有的企业不遵守东道国法律法规、不尊重当地风俗习惯，造成不良影响；有的企业不熟悉国际规则，又不善于借助国际中介机构的服务，结果陷入困境等。[①]

1. 内部治理结构虚化

民营企业的公司治理家族控制严重，家族成员占据公司重要职位，家族企业公司治理模式与现代企业管理制度的理念不符。主要有以下问题：①产权不够清晰。②股权分配不科学。③公司内部制度不科学、不健全、不完善，包括人力资源管理制度、公司经营决策制度、财务制度以及具体的经营规范等。对企业来说，虽然家族管理模式能够花费最少的成本来吸引家族中的各类人才忠诚地为企业服务。但是这种模式在企业达到一定规模后将会成为企业发展的桎梏，在利益面前，人性的弱点将暴露无

---

① 吴志红．民企，“一带一路”的战略力量[N]．人民政协报，2015－7－3(7)．

遗。以上问题若不能逐步解决，将会严重影响家族企业发展，阻碍家族企业做大做强。除此以外，我国很多民营企业组织结构的设计不能随着企业规模的发展壮大而作出相应的调整，往往固定于一种组织结构。

2. 财务存在隐患

(1)财务困境

一些民企由于激进扩张，过度负债，加上财务制度的不规范不健全，在发展过程中出现资金链断裂、陷入财务困境甚至破产、跑路。近年来民企的财务困境愈演愈烈，2018 年甚至被喻为民企救赎之年。民企陷入财务困境的几率大增，损害了民企的总体形象，对其外部融资造成不利影响，进而加剧了资金链断裂的风险，这构成了恶性循环。

(2)盈利模式不清

项目盈利前景具有不确定性，很多“一带一路”基础设施项目的盈利模式不清晰，使投资者难以识别可投资的项目。亚洲开发银行指出，基础设施融资最主要的还款来源是政府当期或未来的税收收入，同时还包括用户对基础设施服务的付费以及土地价值捕获(land value capture)。①前者取决于政府财力，后两者则取决于项目的未来盈利前景。一个基础设施项目要可持续，很大程度上取决于政府对项目的未来需求预测和总体规划是否合理，是否有完善的后续配套能力，这样才能让投资者形成可靠的收入预期，吸引投资者参与基础设施的投资、建设和运营。但对于“一带一路”沿线很多国家来说，其政府规划能力和相关配套能力都不完善。在没有形成网络效应之前，单个项目的经济效益不一定很高，从而制约了投资者的参与热情。

3. 信息与沟通不足

信息与沟通包括内部信息与外部信息的收集，以及信息的传递。民企自身信息比较匮乏，而信息不对称则直接导致企业“走出去”具有一定的盲目性。目前政府部门对企业跨国直接投资的方向、重点、行业导向、

① 陈四清．用金融创新推动“一带一路”建设[J]. 中国金融，2017(19).

区域布局等关键问题缺乏有效引导,企业获得信息的渠道有限,投资带有很大的盲目性。由于民营企业的信息往往掌握在大股东手中,大股东与中小股东之间存在严重的信息不对称,所以大股东有时会利用这种信息不对称为所欲为,严重侵害中小股东的权益。这样不仅影响了“一带一路”项目正常有序进行,也会损害企业信用,影响后续项目的融资。

4. 企业文化缺失

企业文化对企业的发展至关重要,优秀的企业文化能够帮助企业形成独特的核心竞争力。我国民营企业的企业文化是家族治理的文化,弥漫着对家族外人才的不信任,员工得不到信任和重视,这严重影响了整个企业的凝聚力。因此,企业文化的缺失导致企业的信用降低,进而影响其融资信用评级。

5. 人才流失与缺失

长期以来,企业的财务管理工作和会计相关工作的界限模糊不清,部门间的相互替代交错,导致了相关人员的缩减。对于民企来说,吸引优秀人才的难度较大,尤其是一些“一带一路”项目位于动荡、贫苦国家。企业高层过于重视所有权的控制,对员工关怀不够,薪酬待遇不够完善,引发人才流失。

很多参与“一带一路”的企业反映很难招聘到通晓两国文化、熟悉国际化经营运作、懂管理、能信任的国际化人才。懂商务、法律、财务、知识产权,甚至是语言类的专业化人才都很难找到,不利于企业境外投资。

(五)民企“走出去”风险大

长期以来,大型国有企业被视为“走出去”的中坚力量,在参与“一带一路”中获得了大量的政府资源及政策支持,往往不太重视投资的风险问题;作为对比,民营企业虽具有成本、产权、机制、经营理念等方面的微弱优势,但尚不足以弥补两者的巨大差距:一方面,民企自身经济实力较弱,同时缺乏应对风险的专门化法律人才及管理人才,有效化解投资风险的能力不强;另一方面,民企“走出去”获得的公共资源(尤其是政策性支持)较少。

民企“走出去”面临的风险分为系统性风险和非系统性风险，前者包括法律风险、环境风险、宏观市场风险；后者包括技术风险、管理风险、投资决策风险、财务税务风险、微观市场风险。

1. 系统性风险

系统性风险是客观风险，民营企业无法控制、无力排除，对其管理主要依靠外部力量，如母国出台鼓励政策及与东道国积极沟通等。从总体上看，我国民营企业对外直接投资的系统性风险较低，环境风险及宏观市场风险处于一般水平，政治环境风险则处于较高区间（翁国民、马俊彦，2015）。

（1）法律或政策风险

一般认为，政策风险是系统性风险的重要组成部分。然而调研发现，政策风险并不如学界预测的那样大，企业对政府出台对外直接投资鼓励政策的需求并不紧迫（翁国民、马俊彦，2015）。

（2）环境风险

政治环境风险是我国民营企业参与“一带一路”的最大威胁。西亚、北非和拉丁美洲在我国对外投资中的重要性不断提高，上述投资区域隐含着较多的机会，但也意味着较大的风险，其中，落后的投资环境和动荡不安的政局严重制约了对外直接投资数量的增加，也大大增加了对外直接投资的政治环境风险。

（3）宏观市场风险

目前，全球经济发展的不确定性及失衡在加大，中国经济的下行压力在加大，民企在海外扩张中面临的市场环境会更差，必须为此做好准备。

2. 非系统性风险

非系统性风险是民营企业一定程度上能够控制或消除的风险，企业通过提升技术水平、管理水平、决策水平以及其他与市场相关的能力可以防控该类风险。

（1）技术风险

我国民营企业掌握的技术水平不高，且技术具有极大的可替代性，这决定了参与"一带一路"的民营企业集中在竞争性领域和资本密集型、劳动密集型产业。抽样调查显示，有54%的民营企业没有研发机构，72%的企业没有专门的技术创新资金（翁国民、马俊彦，2015）。

（2）管理风险

人事风险与组织风险均处于较高区间，该两类风险长期以来为对外投资企业所忽视。尤其在中国企业海外并购过程中，牵涉的职工数量过多，成本很高，并且需要当地工会组织的批准，但与工会组织进行谈判的过程往往十分艰难，在目标公司控制权发生变更后，工会组织又会与收购方就工人的薪资福利、人员精简、工作环境、厂址搬迁等方面进行新一轮的谈判，从而导致目标公司的实际经营成本与预期收益率之间产生巨大差距，同时也可能在当地引发负面舆论效应，民营企业缺乏对上述风险的认识与防控。

（3）投资决策风险与财务税务风险

以浙江省民营企业为例，海外投资的规模往往较小，在投资方式上，一般采用绿地投资，通过在海外建立贸易公司、贸易代表处的方式实现海外投资，而在投资产业结构上，偏重于原材料和能源等低附加值、低科技含量、低利润率的劳动密集型产业，缺少对信息技术和技术服务等技术密集型、高新技术产业、高层次服务业的投资，结构失衡较为严重。行业的相对集中及产业层次不高，意味着投资风险较高。

近年来，不少民企在"走出去"过程中因跨界并购、杠杆过高、盲目扩张、资产转移等陷入舆论漩涡，或承受较大的政治压力。说明在投资决策上应审慎，强化风险管理意识。

（4）微观市场风险

民营企业由于规模较小，在国际市场上对产品没有定价权，成本的上升只能靠内部消化，对海外市场的需求预测能力也不足，面临较大的市场风险。

（六）银企关系错位

在民企与金融机构的关系上，金融机构往往居主导地位，民企是配角，民企“走出去”需要金融机构的带动；而在国企与金融机构的关系上，国企“走出去”在前，金融机构采取“追随客户”战略，顺应国企的跨境金融服务需求，到国企“走出去”的国家开设网点。由于关系性质的不一样，金融服务的模式也应不一样。

1. 金融机构引导民企“走出去”

我国民营企业从政府部门和金融机构得到的支持较有限，其走向海外市场之所以步履维艰，根本症结就是“融资难”。由于所在国金融机构受种种因素的影响缺乏资金，加之对我国民营企业的情况和实力缺乏足够了解，所以无法有效地对企业进行评估。而我国民企在境内的股权、资产难以办理国际抵押等相关手续，导致民企难以从投资所在地获得融资。这决定着民营企业在该国的融资需求要靠中方金融机构来满足。

许多发达国家的实践证明，“走出去”的融资、授信主要依靠本国金融机构，所以本国金融机构的国际化程度和金融支持影响着“走出去”的发展水平。这一情况与全国工商联关于影响企业“走出去”的国内因素问卷调查结果一致。我国民营企业一般规模较小，面临着资金短缺的问题比较突出，所以对融资、授信要求极为迫切。

当前，“一带一路”金融服务体系主要存在两方面不足：一是国内金融机构国际化程度低。目前，国内金融机构国际化进程不能满足民企参与“一带一路”的需求，境外的机构网点主要集中在发达的欧美国家，而非“一带一路”沿线的发展中国家，民营企业在新兴经济体投资较多，需要国内金融机构的有效引导与支持。另外，因为民营企业的信用和境外业务的风险性，和国企相比银行更不愿贷款给民企。例如，吉利并购沃尔沃时，许多外国银行主动贷款给吉利，但国内银行认为风险大，没有一家给予贷款。二是政策性银行对民营企业扶持较少。我国在“走出去”领域服务的政策性银行只有国家开发银行和中国进出口银行，而这两家银行的服务门槛较高，一般的民营企业很难得到其金融支持。

建设银行在支持民营企业“走出去”方面，境内外联动日益深化，为企业提供配套的金融服务。为支持浙江卧龙控股集团收购奥地利 ATB 公司，建行绍兴分行积极牵线搭桥，促成了建行法兰克福分行和国开行合作，共同为该集团提供了所需的融资服务。又如，中国银行浙江分行在2011年末，以银团贷款的方式，成功牵头完成浙江省内首笔民营企业海外工程总包出口买方信贷项目——浙江人民电器越南安庆电站项目，有力地支持了民营中小企业开拓国际市场、参与国际竞争。由此可见，金融机构在“一带一路”建设中能起到引导民企并给予资金和金融服务支持的作用。

2. 金融机构追随国企“走出去”

在“一带一路”倡议下，为了满足国企日益增长的金融需求，中资金融机构通过境外兼并收购、建立分支机构等方式纷纷加入“一带一路”浪潮之中。近年来，中国银行业海外机构网络布局不断完善，海外金融服务能力快速提升。中国银行业协会的统计数据显示，截至2016年底，共有9家中资银行在26个“一带一路”沿线国家设立了62家一级机构，其中包括18家子行、35家分行、9家代表处。[①]

截至2017年4月，工商银行已形成与“一带一路”所涉国家和区域高度重合的境内外网络布局，在沿线18个国家有127家分支机构，积极为中国企业“走出去”和“一带一路”提供全方位金融服务。在促进“一带一路”资金融通方面，工商银行已累计支持“一带一路”沿线项目212个，承贷金额674亿美元，同时还拥有3 372亿美元的项目储备并将为“一带一路”提供长期、可持续的综合化金融支持。由此可见，金融机构在国企的带动下成为中外企业参与“一带一路”建设的重要金融合作伙伴。

而在金融机构参与“一带一路”过程中，又带动我国资本市场迈向更成熟的阶段。例如，2017年3月，中金公司作为独家主承销商和簿记管理人承销发行的俄罗斯铝业联合公司非公开发行2017年公司债券（第一期）完成簿记，标志着首单“一带一路”沿线重要企业在我国发行的熊猫债券在上交所顺利落地。

---

① 国新办就银行业支持“一带一路”举措成效举行发布会[N]. 人民日报，2017－5－12－1.

(七)需求偏离金融机构偏好

1. 民企与国企经营目的不同

民企与国企参与“一带一路”关注点并不一致,国企“走出去”更多的是国家战略层面的考量,服从国家利益,而民企关注的则是商业利益,是否能在海外市场分一杯羹。所以,除了少数大型民企,绝大多数民企需要的资金规模并不大,金融机构为其服务的积极性不大,因为缺乏规模效应。

2. 金融机构厌恶风险

与国企相比,民企总体实力偏弱,抗风险能力也较低,正因如此,不少金融机构在为国企和民企提供金融服务时,存在差别化对待。尽管国家开发银行和进出口银行等机构对民企也很关注,但是由于贷款担保问题,不少银行对民企境外投资爱莫能助。“一带一路”涉及的国家收入水平差异较大,大部分国家属于低收入国家,当地尚未启动工业化进程,金融基础设施缺乏,经济金融缺乏良性循环的条件。在与这些国家开展经济金融合作时,金融机构难免会担心自身陷入简单“扶贫”的陷阱(杨婧,2015)。

民营企业“走出去”与国内投资相比,因部分国家政局不稳、文化差异等原因致使其经营风险较大,应急及突发事件较多,不确定性情况时有发生,因此金融机构需要考虑能否承担这些风险。目前我国为“走出去”企业提供保险服务的唯一机构为中国出口信用保险公司,由于其唯一性、政策性的定位,对可提供信用保险的公司要求较高,按其规定,一般只向国家鼓励的“一带一路”重点项目提供投资咨询、风险评估、风险控制、融资类担保及投资保险等保障服务。而我国的民企很多都不满足其规定的申请条件,也就无法享受到对外投资的相关保险服务。例如,根据自身“走出去”的经验和存在的困难,重庆博赛矿业(集团)有限公司建议有关部门牵头成立“走出去”的担保公司,为海外项目资产抵押贷款提供便利,减少银行对项目融资的顾虑(胡正福,2014)。

3. 金融机构经验不足

由于参与“一带一路”的企业集中在能源、资源、基础设施、装备制造及大型工程承包领域,与消费品制造出口相比具有融资额度大、期限长的特点。而国内商业银行在支持消费、短期出口信贷方面有丰富经验,但在“走出去”的大额中长期融资方面有所欠缺,服务手段单一,难以满足民企“走出去”的融资需求。

而以保险、融资租赁、信托等为代表的非银行金融机构无论是从投入的资金规模还是从合作的项目数量上看,都还处于起步阶段,缺乏相关经验。未来有望发挥各自优势,在细分市场为“一带一路”提供个性化金融支持。代表性案例如太平保险在“一带一路”劳务输出、承揽境外工程项目较为集中的地区设立营业性机构(姜波,2016);人保财险 2013—2016 年,参与承保的“一带一路”沿线建设项目 457 个,服务范围涵盖沿线的 40 多个国家,承担金额 10 760 亿元(降彩石,2017);工银租赁在“一带一路”沿线 13 个国家和地区,开展了 72 架飞机的租赁业务,租赁资产近 330 亿元人民币(赵桂才,2016);中航信托与“一带一路”国家匈牙利的摩根斯达集团建立合作关系等。因此,金融机构需要经过更多实践,才能积累更多经验。

(八)小结

民企与国企参与“一带一路”关注点并不一致,国企“走出去”更多的是国家战略层面的考量,服从国家利益,而民企关注的则是商业利益,是否能在海外市场分得一杯羹。

首先,除了少数大型民企,绝大多数民企需要的资金规模并不大,金融机构为其服务的积极性不大,因为缺乏规模效应。

其次,区别于国企的融资可由母公司或大股东做担保来缓释信用风险,民企找到为其做担保的企业很困难,往往不得不以股权质押的方式从银行等机构融资,但这样做容易造成不良后果。民企参与“一带一路”获取融资相对国企更为不易。国企可以凭借潜在的国家信用为其背书,从而以较低的成本获取资金。与此同时,“一带一路”作为重要国家战略,政策也自然会对参与其中的国企有所倾斜，部分国企甚至可以动用政策性金融支持。民企则难以享受这样的待遇，其由于信用等级偏低、抵押物不足进而导致融资成本较高，即便有较好的投资项目，也可能因为资金难以获取而导致项目不得不放弃。

最后，民企在参与“一带一路”过程中受到的行政性限制较多，比如项目审批相对国企更为严格，我国在风险防控上一直较为严格，而监管层对于民企高风险的固有印象导致了相对于国企，对民企的项目投资审查把控更严，而繁复的行政手续则可能导致商机贻误。

四、现有金融格局与民企需求的不匹配

民营企业是实现“一带一路”落地的中坚力量，其发展和“走出去”离不开金融机构的支持和帮助。从目前我国的金融格局来看，银行业依旧占据主体地位，银保监会、证监会披露的数据显示，2016 年银行业实现净利润 2 万亿元，大大高于同期保险业和证券业实现的 2 000 亿元和 1 234 亿元利润，但保险业和证券业也在稳步向上发展。从民营企业的需求来看，为了加强企业自身的建设，更好地迈出“走出去”步伐，民营企业不仅需要金融机构提供资金帮助，还需要金融机构提供财务顾问、金融避险和资金便利等服务，以便于企业根据“一带一路”沿线国家的政治经济状况更好地开展投资和经营活动。但是，我国现有金融格局距离民营企业的需求仍然存在一定差距，具体体现在金融机构更倾向于服务国企和大企业、对民企金融需求的政策支持力度不够、金融机构海外布局不适应民企需要、金融机构的避险意识削弱了其为民企服务的动力、金融监管过严阻碍了民企“走出去”的步伐、民企的高债务和高杠杆限制了其海外融资等问题上，这都加大了民营企业拓展海外版图的风险，为其“走出去”设置了门槛和阻碍。

(一)现有金融体制倾向于为大企业及国企服务

在企业进行海外布局的过程中，大多数国有商业银行和股份制商业银行支持对象以大企业、大项目为主。资源占有多、游说能力强的大企

业，特别是国有企业，能够获得较多乃至过度的金融资源，而资源较少的民营企业则存在相当大的资金缺口。以民营企业较发达的深圳为例，调查显示，深圳市70.1%的中小微企业认为制约发展最主要的因素是融资难，82.6%的创业者最需要的是创业资金。由于资金紧张，深圳市80.26%的中小微企业放弃了扩大生产规模，42.21%中小微企业放弃了技术、设备升级(李荣华，2017)。金融资源获得难已成为深圳中小微企业反映最强烈、最普遍的难题。相比于大企业和国有企业，民营企业存在以下不足，导致其在金融方面的竞争力较弱。

1. 民营企业“走出去”的品牌和形象影响力处于弱势

一是民营企业以低端制造业为主，缺少核心竞争力。与国有企业相比，民营企业的规模相对较小，自身的科技含量和创新能力不高。中小民营企业普遍具有“低、散、小”的特点，以劳动密集型企业居多，采取低技术、低成本的发展模式，这种发展模式一定程度上限制了民营企业的发展。以浙江省为例，加工型、出口型的民营企业占了绝大多数比例，如绍兴的轻纺、海宁的皮革、义乌的小商品等地方支柱型产业均为外向型劳动密集型产业，技术含量较低。从金融机构的角度来看，中小劳动密集型企业同质性强，产品缺少竞争力，发展前景不明朗。二是民营企业知识产权保护意识薄弱，不正当竞争现象严重。民营企业竞争中，产品同质化现象严重，当某些企业推出“爆款”，获得市场的认可之后，别的企业会快速复制，并推出相类似的产品，甚至通过价格战快速占领市场，大大降低了产品的附加值。造成此现象的原因就是知识产权保护意识的薄弱和政府执法的缺位。恶性竞争不仅降低了产品的附加值，更严重打击了企业创新的积极性，对市场的健康发展造成了危害。

2. 民营企业内控制度不健全，缺乏现代化的管理手段

一是民营企业缺乏完善的财务制度和会计制度，一定程度上导致了信用缺失。许多民营企业并没有建立健全的财务制度和会计制度，财务人员在具体业务中没有明确的制度规章可循，部分财务人员道德和专业能力存在一定欠缺，导致企业在运行过程中出现了种种问题。特别是在

中小型家族式企业中，存在一切都是老板说了算的现象。财务状况的不透明和必要监督机制的缺乏，导致了一些企业的信用缺失，有的民营企业甚至采取了跑路、赖账等不道德行为逃避债务，导致金融机构对其的信任度大大降低。二是许多民营企业缺乏现代化的管理手段，应对风险的能力不强。企业管理者对各种风险的识别、分析、应对能力薄弱，企业大多没有建立起系统全面的风险管理系统。特别是在经济转型的过程中，面对原材料价格上涨、劳动力成本上升、人民币汇率波动等情况，一些企业没有应对措施，业务遭受了较大的冲击。三是部分民营企业存在脱离主营业务现象，资金投向不明。在实体经济低迷的情况下，一些民营企业存在脱实向虚的情况。一些之前发展实业的企业在资金压力下脱离主营业务，转而参与担保、典当等民间融资活动，或将资金投资于股票、房地产等高风险行业，累积了不同程度的风险。

3. 民营企业融资渠道单一，资金短缺现象严重

一是民营企业融资以内源资金为主，外源资金也多限于银行贷款等间接融资，直接融资占比较少。由于资本市场进入门槛较高，规模较小、盈利能力较弱的民营企业相对不具有优势。我国对企业上市融资的要求较为严格，大多数民营企业无法通过上市来获取资金。同时，债券发行的要求也较高，符合要求的民营企业数量不多，诸如中小企业集合债等票据的发行量较小。二是民营企业融资结构不尽合理。民营企业一般较多选择银行贷款和民间借贷等外源资金来发展企业。银行贷款可能存在期限不匹配等情况，民营企业最迫切的需要是可以用来支持发展的中长期贷款，而银行往往只能提供短期贷款，企业只能通过借新还旧等方式来进行融资，资金来源的不稳定性一定程度上影响了企业的发展壮大。而民间借贷的利率通常较高，有的达到了20%～30%，甚至更高，加重了企业的财务负担，最高院也对民间借贷的利率给出了规定，《最高人民法院关于审理民间借贷案件适用法律若干问题的规定》指出："借贷双方对逾期利率有约定的，从其约定，但以不超过年利率24%为限。"

4. 民营企业缺乏抵押担保和偿债能力

一是民营企业普遍存在抵押难和担保难问题。民营企业与金融机构之间存在着一定的信息不对称，金融机构无法完全了解每一家企业的生产经营状况及财务状况，因此，需要企业提供一定的抵押物或是通过担保来降低信息不对称带来的风险。但民营企业除了厂房和机器设备等固定资产可以用来抵押外，劳动力和技术等均不能用于抵押，且多数民营企业规模偏小，可以用于抵押的固定资产不多，因此较难获得足够的银行贷款。二是民营企业偿债能力弱。民营企业自有资金不足、资金结构不合理、长期盈利能力不够等原因影响了其偿债能力。

(二)民企相对缺乏政策性金融机构等政策资源

民营企业普遍存在“小而散”的问题，加之政府扶持力度的不足，政策性金融机构对民营企业“走出去”的助力作用不能完全发挥。反观英美等发达国家，政府扶持在民营企业融资体系建设中都占据了主导地位，发挥着关键作用。发达国家的政府扶持可分为财政援助、税收优惠、风险资本等方面，财政援助有财政补贴和贷款援助等形式，贷款援助包括建立中小企业金融机构及政策性金融机构。从我国的现状来看，政府也采取了多项措施，如“定向降准”、加大支小再贷款再贴现力度等政策，但效果仍然有限。

1. 民营企业“走出去”的政策扶持力度不够

一是税收优惠针对性不强。为进一步扶持民营企业“走出去”，国家税务总局及地方税务部门陆续出台了“一带一路”相关税收优惠政策，涉及增值税与关税减免、出口退税、所得税抵免等多方面，但从执行效果来看，税收优惠政策仍需加强。税收优惠未考虑行业差距，针对性不强，出口退税等政策灵活度低，不利于企业执行。征税的日常管理容易受到轻视，由于民营企业税收收入贡献少，部分税务部门不愿意投入过多的人力、物力对其进行管理，造成优惠政策流于表面的现象。二是企业“走出去”审批流程较复杂。负责境外投资的政府部门较多，管理权限分散，申报材料复杂，耗费的时间较长，企业在办理过程中遇到了政策不一、重复跑等问题。三是信用评估体系不完善。目前，我国民营企业融资过程中面临着缺乏统一的信用信息平台、企业财务报表真实性存疑等问题，亟须建立完整的企业信用评估体系，而政府在信用体系建设中的职能发挥不到位。一些地区在企业信用体系建设过程中，金融、工商、税务、环保等部门没有形成合力，信息征集标准不一，也没有部门负责将各方信息进行汇总，导致金融机构无法及时有效地了解和掌握民营企业的信用状况。

2. 融资担保体系不完善

融资担保体系在银行与企业间起着桥梁作用，由于信息不对称等因素的制约，民营企业面临着贷款难、贷款贵现象，由担保机构提供担保服务后，民营企业从金融机构获得资金会更加便利。从发达国家的经验来看，政策性担保机构在支持民营企业融资上发挥了重要作用。美国设立了小企业管理局，为小企业贷款提供担保，上限达到 75%～85%，如果商业银行发放给小企业的贷款出现了违约情况，由小企业管理局对该笔款项进行赔偿，大大降低了商业银行的贷后风险(赵宇梓，2015)。德国各州都成立了担保银行，资金主要由企业工商协会、商业银行及政府发行公债提供，一旦发生贷款违约的情况，担保银行承担该笔损失的 80%。

从国内的融资担保体系来看，仍然存在着以下问题：从担保机构内部来看，担保机构规模偏小、资金使用效率不高。国内的担保机构规模普遍偏小，有的甚至只有几百万元资本金，与商业银行的要求相差较远。且担保机构内部管理不规范，许多尚未建立起现代企业治理机制，人才和知识储备相对缺乏，影响了机构的良好运营；从外部环境来看，一是严峻的经济形势使得担保机构的生存环境出现恶化。近年来，我国经济增速放缓，处于调结构稳增长时期，民营企业的资金链普遍偏紧，信用违约问题较为突出。部分民营企业信用意识淡薄，违约风险接连出现，导致担保公司代偿现象发生，担保公司的代偿力不足。二是金融机构进行风险转嫁，没有与担保机构建立风险共担的合作模式。在经济下行的压力下，金融机构对合作担保机构的要求更加严格，部分商业银行采取了降低授信额度、压缩单笔规模等措施，政策性担保机构处在不利境地。

3. 政策性银行对民营企业"走出去"的扶持力度较小

一是政策性银行职能各有侧重,提供给中小民营企业的贷款不多。我国现有三家政策性银行:国家开发银行、进出口银行和农业发展银行,三家银行的业务侧重点不同,对民营企业的扶持力度有限。国家开发银行主要支持国家基础设施、基础产业、支柱产业和大中型基本建设和技术改造项目;进出口银行侧重于进出口贸易相关产业;农业发展银行主要服务于农产品生产、农业现代化、城乡发展等相关的产业。虽然目前国家鼓励政策性银行以批发资金转贷形式与其他银行业金融机构合作,如 2016 年进出口银行浙江省分行为浙江网商银行股份有限公司发放了 3 亿元境内小微企业转贷款,惠及近 4000 户小微企业商户,但从总体来看,政策性银行的支小职能发挥仍旧不够。二是没有专门服务中小民营企业的政策性银行。根据国际经验来看,政策性银行应根据民营企业的生命周期特点采取不同的帮扶措施。如日本政府为了解决这个问题,从立法、融资结构、担保、财政等多方面采取了措施,设立了国民金融公库、中小企业金融公库和商工组合中央金库三个政策性金融机构,通过它们的协调运作,缓解了中小企业融资难的压力,也增强了金融机构向中小企业贷款的信心,大大促进了民营企业的发展(许萍,2003)。德国的复兴信贷银行也是以中小企业为主要服务对象的政策性银行。而我国还没有设立专门针对民营企业的政策性银行。

(三)金融机构的海外布局不适应民企的需要

民营企业"走出去"的过程中,对金融机构主要有以下几方面的需求:一是财务顾问需求。民营企业面临着海外业务经验缺乏、所在国与国内存在文化冲突等诸多困境,因此需要金融机构对所在国有非常深入的了解。二是资金需求。企业的对外投资包括承包工程、并购等,均需要较长期限资金的支持,一般由企业自筹或在国内融资解决。三是风险防范需求。由于可能存在被投资国政治局势不稳定、汇率风险等问题,民企面临的不确定性较大,防范风险的需求较高,因此需要金融机构适时提供保险、规避外汇风险等服务。四是资金便利需求。民营企业一般都希望跨境资金能够便利地进出国内外，减少审批等中间过程的程序和时间，提高资金的使用效率。当前我国金融行业在海外布局中仍然存在不足，使得民营企业的以上要求无法完全得到满足。

1. 中资银行海外布局的步伐需要加大

一是银行海外布局集中于发达国家和地区，“一带一路”沿线仍需加强。中资银行在海外的布局以国际发达大城市为主，中国香港、澳门地区及周边亚洲国家集中了大部分的中资银行资源，在“一带一路”沿线的东盟、非洲、拉丁美洲等区域偏少。这些国家和地区的金融业相对不发达，企业在这些国家和地区的发展更需要金融机构的帮助和支持，尤其是国有大型商业银行应该积极布局，帮助我国民营企业深入了解当地的经济环境，提供更好的金融服务。二是中资银行“走出去”主要集中在中国银行、工商银行等大行，金融业务较为单一。银行业支持“一带一路”举措成效发布会公布的数据显示，截至 2016 年底，共有 9 家中资银行在 26 个“一带一路”沿线国家设立了 62 家一级机构。这些“走出去”的中资银行集中在大行，且提供的业务也较为单一，无法满足民营企业在当地的多元化投融资需求。例如，在巴基斯坦，当地中资银行主要提供项目贷款服务，而当前中资企业急需的现金管理、供应链金融等仍在起步阶段，像包括债券融资、融资租赁、资产证券化等直接融资以及财务顾问、工程保险等其他金融服务在内的投行业务的服务主体还以当地外资银行为主（王鹏程，2017）。三是中资银行海外本土化发展仍需加强。不少中资银行虽然已经在国外开设网点，跨出了“走出去”的第一步，但由于时间有限、经验不足等原因，本土化发展遇阻，缺少国外客户资源。中资银行只有融入了当地的经济之后，才能更好地植根于所在国，熟悉当地业务情况，服务好中国民营企业。

2. 中资保险业需要进一步发挥风险管理和保险作用

“一带一路”沿线共有 60 多个国家、途经 100 多个城市，大多是新兴经济体和发展中国家，是目前贸易发展较快的地区，但沿线国家的风险水平较高，中国民营企业参与“一带一路”可能面临较多的政治、经济、法律风险和违约风险。保险业是构建风险管理和保障体系的主体，为“一带一路”的推进发挥了重要作用，但在业务推进过程中仍要注意以下几点：一是保险产品同质化严重，无法满足企业多元化的需求。我国保险公司的产品同质化程度较高，如财产险方面，车险的市场占有率超过70%，而其他财产的保险占比不高(魏迎宁，2017)。涉外险种的数量也不多，企业对外履约保险、财产保险、海外劳务人员的人身保险方面等仍有欠缺，难以满足客户日益多样化与个性化的需求。二是保险行业整体服务水平不高。与发达国家相比，我国保险业占金融行业的比重不高，商业养老险等占GDP比重也远小于发达国家，保险行业的整体发展较为落后。在人才支撑上，销售人员的专业技能和服务能力整体偏低，保险代理人流动频繁，一定程度上阻碍了保险行业的发展。

3. 证券公司的国际化程度需要提升

一是证券公司要加大海外布局的力度。虽然“走出去”企业对证券业务的需求要小于银行，但证券公司的全球化布局仍应进一步推进。特别是在“一带一路”沿线和金融发达的国家和地区可以通过加大网点布局、完善全球服务网络等措施，为“走出去”的民营企业提供上市及其他融资服务。二是直接融资需要加强。针对民营企业“走出去”的直接融资产品不多，债券品种不够丰富等现状，应不断丰富债券品种，为企业提供多样化的直接融资服务。

(四)银行的强避险意识减缓了为民企服务的脚步

银行作为企业，其目标是追求利润的最大化。相比于运行稳健、财务透明的国有大型企业，中小民营企业的风险评估难度更大、不确定性更强、投入产出不成正比，银企之间存在的信息不对称现象使得具有强避险意识的银行对民营企业的金融服务相对保守，发放“走出去”贷款的门槛较高。

1. 银行完善的内控制度要求银行必须谨慎对待民企

一是银行拥有严格的内控制度，这些制度建立的目标是确保资产质量，杜绝与防范资产风险。如目前我国商业银行等金融机构所采用的企业信用评级指标体系比较强调全面性，并偏重资产规模。以工商银行为例，它的信用评级指标体系主要包括领导者素质、经济实力、资金结构、经营效益、信誉状况、发展前景等 6 个方面的内容。这些评价指标更多的针对群体是国企及大型企业，中小民营企业在这些评价指标上不易得高分，导致它们在申请银行服务时比国企更加被动。此外，银行对民营企业存在一定的歧视，不愿花费过多精力在资信调查与风险管理上，这加重了原本就存在的信息不对称问题，不利于民营企业融资。二是银行放贷审批流程严格、放款时间长，给民营企业的融资造成了一定压力。企业在申请贷款后，银行审查人员需要对企业进行调查和审查评定，并需要按权限审批或报送上级审批，后续还将就贷款数量、期限等与企业进行洽谈，流程较长。一些中小民营企业在时间上等不及，复杂的审批流程加重了民营企业的融资成本。

2. 银行给民企放贷面临的不确定性大

金融机构在对民营企业发放贷款时，必须根据企业的具体情况进行判断，因此具有一定的不确定性。一是因为与国企和大型企业相比，民营企业的资金需求相对不稳定，金额小、时间急、需求频繁、风险不确定等特点决定了银行必须根据具体情况相机抉择。二是因为对民营企业的贷后管理面临更多的不确定性。民营企业规模小、创新能力不强、固定资产不多等特点，决定了民营企业的可持续经营存在风险，部分民营企业在发生经营问题，或是资金链断裂问题时，会选择卷铺盖走人等方式来逃避银行债务，造成债务维权困难，导致银行遭受较大的损失。民营企业相对薄弱的财务能力也使得贷后跟踪更加艰难，给银行后续的管理加大了成本。三是因为信贷资金更容易向低风险优质企业集中。特别是在总量不足的情况下，相比于“雪中送炭”，银行更喜欢“锦上添花”，资金向优质企业集中，而风险较大的企业则会出现贷款难、贷款贵的现象。

3. 不良资产降低了银行信贷资产的质量，制约了银行对民营企业的支持

一是较高的不良资产比率影响了银行的资金周转。不良贷款挤占了

正常的资金流通，使得这部分资金不能流向更需要贷款的企业，降低了资金的使用效率。特别是在银根紧缩的情况下，银行无法通过贷款回收来增加头寸，容易导致支付困难等情况的发生。二是不良资产导致银行财务状况恶化。贷款的发放一般对应着一定的抵押担保。当资产发生问题无法收回时，需将抵押物尽快变现，但是抵押物的变现需要通过拍卖等渠道，环节多，时间长，且中间环节存在一定的资金损失，给银行带来了资产的减少。此外，虽然贷款无法收回，但银行还需要支付这部分资金的利息和其他相关费用，同时还需要计提大量的准备。

4. 金融体制改革滞后，针对中小民营企业的金融服务体系落后

一是金融行业准入门槛高，服务民营企业的银行机构数量不多。大中型银行主要把贷款投向国企和大型企业，民营企业和农村的资金需求量仍然无法满足。尽管首批民营银行包括深圳前海微众银行、上海华瑞银行、温州民商银行、天津金城银行、浙江网商银行等已经于2014年落地，2017年又有梅州客商银行获准筹建，但针对中小企业的银行数量依然不多，金融服务覆盖不够全面。二是城商行与农村信用社作用发挥不够。城商行和农村金融机构由于信贷资产质量不高、贷款总量受限等原因，不能很好地支持民营企业发展。而部分农村金融机构的侧重点放在支持农业发展上，对民营企业的帮助有限。

（五）强金融监管延缓了民企“走出去”步伐

近年来，我国经济中出现的“脱实向虚”、高杠杆等问题引起了监管层的高度重视，为防止资产泡沫和系统性金融风险的发生，当前我国金融监管趋于强化，具体表现在：监管原则由原来的各部门分业的竞争性监管转变为协调性监管；以央行MPA为核心的监管框架逐渐建立；各金融子领域业务的监管全面加强，包括银行的同业、理财、票据、表外等业务，券商、基金公司等资产管理业务，证券市场的IPO等。严守不发生系统性风险的底线确实非常重要，事关我国经济的健康平稳发展，但在严监管的同时，也不能因过度强调风险而抑制了金融创新，要把握好风险和创新之间的度。这样民营企业才能获得更多更好的金融资源，“走出去”才更有底

气和动力。

1. 为民营企业服务的金融机构及准金融机构准入严格，无法实现监管的差异化和便利化

目前，我国为大中型企业服务的大型金融机构发展较快，而为中小民营企业服务的金融机构偏少。例如，政府在放开小贷公司的同时对小贷公司的杠杆率进行了限制，小贷公司不得不通过提高利率的方式来覆盖风险，间接地提高了中小民营企业的融资成本。从国际经验来看，中小金融机构的发展对民营企业健康经营和“走出去”有着非常大的帮助。例如在美国，中小民营企业约一半贷款来自社区银行，美国虽然没有专门针对社区银行的立法，但在实践中采取了相对灵活的方式，根据银行的规模大小和复杂程度“量体裁衣”，通过政策调整将社区银行的监管负担最小化（赵宇梓，2015）。

监管机构应对金融机构满足小微企业、个人信贷需求的情况进行定期评估，以此作为审批其申请增设新机构、开展新业务等方面的一个重要考虑因素。此外，境内企业境外上市制度仍需完善。监管部门应加强跨境监管协作，方便符合条件的企业赴境外发行上市，也应逐步放宽金融机构的外资准入限制，继续鼓励境外投资者和服务提供商到中国投资、开展业务。

2. 监管部门调控意识过强，忽略了市场机制作用

一是存在监管过度问题，全民风险意识培养不够。针对前几年出现的“P2P”倒闭潮等现象，金融监管部门开展了专项清查整顿工作，出台了相关文件并要求进行层层排查，减少了互联网金融风险的发生，但同时一些运行良好，富有活力的公司也被迫缩小了业务规模，减少了金融创新，导致互联网金融支持实体企业的功能大大下降。现在存在的问题是，刚性兑付仍未被打破，投资者对高收益的追求与他们的风险承受能力不匹配，一旦发生资金兑付难，投资者首先就找监管部门，要求监管机构确保他们的权益，这就导致了过度监管现象的发生。监管机构应该认识到全民风险意识的培养是最有效的监管，投资者首先应该对自我风险承受能

力有一定的了解,并据此选择合理的投资项目,而不是盲目追求高收益而忽略风险的存在。监管机构在监管时也应该跳出传统思维,不应该将创新业务一棍子打死。二是监管条例过细,灵活性不强。金融监管不是通过过细的监管条例把金融风险控制到零,而是发挥风险配置的功能,将风险承担能力较强的投资者和较弱的投资者分开,引导投资者自行选择适合自己的投资标的。如银监会、工信部、公安部、网信办等 4 部门联合发布《网络借贷信息中介机构业务活动管理暂行办法》规定:同一自然人在同一网络借贷信息中介平台的借款余额上限不超过人民币 20 万元,在不同网络借贷信息中介机构借款总额不超过人民币 100 万元;同一法人或其他组织在同一网络借贷信息中介机构平台的借款余额上限不超过人民币 100 万元,在不同网络借贷信息中介机构平台的借款余额上限不超过人民币 500 万元。这条规定对不同地域进行了“一刀切”,但是,东部沿海地区经济相对发达,借贷的额度相较于内陆欠发达地区而言应该更高一些才更合理。

3. 金融监管的国际合作仍需加强

一是国家之间深入的金融监管合作较少。“一带一路”沿线国家的经济金融发展水平差异较大,65 个国家和地区中,只有 7 个属于国际货币基金组织(IMF)定义的发达经济体。由于经济发展水平和金融运行机制的差异,各国之间金融合作的基础比较薄弱,金融监管合作通常只流于表面的协商对话,实质性的金融合作较难开展。特别是在一些需要监管协调机制的领域,缺少统一的监管认识。例如,中越金融合作仍局限在商业银行贸易结算方面,保险、证券投资领域的合作也局限在信息互换方面,在存贷款、投融资等业务合作上仍缺少实质性进展。二是现有金融合作机制在金融监测中力量有限,预警功能不强。以反洗钱监管为例,由于“一带一路”各国经济发展水平不一,反洗钱法律制度差异较大,不利于联合开展异常资金流动监测,增加了中国一东盟反洗钱区域合作的难度。

(六)民企国内的高债务及高杠杆限制了其海外融资

近年来,企业的负债率和杠杆率维持在高位,根据国家统计局的数据，截至 2017 年底，规模以上工业企业资产总计 112.3 万亿元，资产负债率为 55.5%。从行业结构来看，产业链上游行业和预算软约束主体的债务水平增长较快，特别是在房地产、建筑、钢铁、机械设备等行业及投资较大的民营企业中表现得较为突出。高债务率和杠杆率影响了民营企业的生产经营和品牌信誉，抬高了企业的境外融资成本，为其“走出去”设置了障碍。

1. 国内民营企业高杠杆高债务的原因

一是民营企业自身发展特点决定了债务率的居高不下。我国不少民营企业是原有的国企改制而来，承担着大量的改制债务负担，且它们多为传统的加工制造、建筑行业，经营模式较为传统。这些企业的自有资本少，主要的融资方式是银行贷款，经过十几年的发展，企业债务居高不下。二是部分民营企业业务的过度扩张导致资产负债率急剧上升。伴随着经济发展平稳、资本市场不断完善等利好，不少民营企业开始通过拓宽融资渠道、增加贷款的方式来扩大自己的生产经营，甚至有的企业开始盲目扩张，业务的增长速度远远超过了企业的承受范围，特别是当投资项目受到政府调控和宏观经济因素影响而效益不佳时，债务率和还本付息压力不断增大。三是不科学的经营管理导致负债率的上升。部分民营企业债务结构不合理，存在短贷长用、资金效率低下、大量应收账款不能及时回收等情况，使得负债水平居于高位。四是经营成本的不断攀升增加了企业的经营压力。受物价上涨的影响，民营企业的生产经营成本逐年提高，具体表现为：原材料价格、人力成本和运输费用的上升，此外，由于环保、节能意识的增强，随之而来的非生产性支出也逐渐增加。五是宏观经济环境的变化导致企业负债增加。随着供给侧结构性改革的推进，一些原本属于粗放型发展的企业面临着转型发展的难题，继续从事产能过剩行业的企业可能会出现产品滞销等现象，效益下滑会导致企业陷入资金困境。选择转型发展的企业在转变过程中面临大量的资金需求，债务率和杠杆率也会上升。

2. 高杠杆高债务对我国民营企业海外融资的影响

民营企业在“走出去”过程中，海外融资成为其发展的助力，海外融资拓宽了企业的融资渠道，并且可以帮助企业开拓海外市场，高素质的民营企业也已成为国际资本的关注对象。民营企业进行境外融资主要有四种方式：上市融资、海外机构和个人的直接投资、银行等金融机构的融资和项目融资。但部分民营企业存在的高杠杆和高债务问题对企业的经营、信誉、战略等产生影响，抬高了企业的境外融资成本，为其海外版图的拓展设置了障碍。一是高负债减少了企业的经营成果。企业的负债率越高，财务费用就越多，利润会被利息摊薄，特别是成长性企业，高债务率会带来盈利能力的下降。二是高负债率降低了企业的品牌信誉。负债率是债权人较为重视的财务指标，衡量了企业在清算保护时债权人可以获得的权益。高负债率意味着相对较高的财务风险和较弱的偿债能力，给企业的品牌信誉造成一定影响。三是增加了企业的经营风险。当宏观经济出现波动时，高负债率的企业更容易发生资金断裂等问题，破产的概率更大。四是制约了企业的长远发展。企业只有通过产业结构调整和产品创新才能在市场上站稳脚跟，这就需要大量的资金支持。高负债率的企业由于资金短缺和外部融资压力的增大，很难再融到大量资金用于技术升级和产品创新，市场竞争力也会随之下降。

五、提升供给和需求匹配度的建议

近年来，我国民营企业境外投资的步伐明显加快，为促进国民经济的发展和世界各国互利合作发挥了积极作用。同时，我们也要看到，现有的金融体系对于民营企业“走出去”，特别是参与“一带一路”建设方面的支持，还有诸多不完善之处。金融的供给与民营企业的金融需求出现脱节现象，民企的金融需求得不到有效满足。我们主要从金融供给方、金融需求方和政府的角度分别阐述金融如何更好地支持民企“走出去”。

(一)供给方的角度

1. 商业性金融机构

(1)加快自身“走出去”步伐,提升全球服务的能力

金融机构对民营企业“走出去”的支持,归根结底要落实到海外网点的设立上,为此需要引导商业性金融机构在我国民企“走出去”比较集中的区域和“一带一路”沿线国家设立分支机构,为“走出去”的民企提供本土化的金融服务。此外,建议境内金融机构进一步与国际同业接轨,提供更多金融创新产品,为企业“走出去”提供必要的融资支持。当前我国金融机构特别是银行缺乏清晰的市场定位和明确的发展战略,同质化竞争严重,为此金融机构需要逐渐改变传统的盈利模式,针对不同的“走出去”民企设计金融产品,提供差异化的金融产品和服务,如加强离岸金融服务和开展全球授信业务等,有效地缓解民企海外投资融资难问题。

(2)为民企“融资”和 “融智”,实现共同发展

在民企“走出去”的过程中,商业性金融机构扮演的角色不仅仅是资金的供给者,还应充当民企“走出去”的战略合作伙伴,金融机构需要做到“融资”和“融智”并举,做资源的整合者,通过专业化的金融服务为民企提供一揽子、综合化的金融解决方案,与企业形成一个紧密联系的命运共同体。金融机构在为民企提供融资时,不能只顾眼前的利益,而是要与企业一同努力,帮助企业选择最佳的投资时点、设计更加符合母国和东道国法律监管要求的方案,并且通过金融机构自身的资源为民企客户提供包括控制国别风险、市场风险、汇率风险和税收筹划等在内的增值服务,与民企一起真正做到“同呼吸、共命运”,共同发展。

(3)组建银团,分散自身风险

银团贷款是由获准经营贷款业务的多家银行或非银行金融机构,采用同一贷款协议,按商定的期限和条件向同一借款人提供资金的贷款方式。银团贷款的意义在于可以实现多家银行信息共享、风险共担、降低成本和避免无序竞争等。从过往经验来看,金融机构为民企提供服务的积极性不高的原因之一就是民企自身存在着较大的风险,而通过组建银团,

可以实现商业性金融机构、政策性金融机构甚至是海外金融机构之间的合作，进而有利于规避因民企自身经营不善对单个金融机构造成巨大的负面影响，有效地分散了金融机构的风险。

(4)与政策性金融机构合作，共同为民企服务

商业性金融和政策性金融是我国完整的金融体系中不可或缺的两翼，彼此相互补充而又不可替代。商业性金融的目标是实现自身的利润最大化，而政策性金融的目标是社会的合理性。在某些特定的领域，政策性金融可以发挥主导作用，以弥补商业性金融的不足。政策性金融相对于商业性金融有以下优势：一是与政府的关系更加密切，更易得到政府的财政资金支持；二是有较为宽松的利率水平、贷款期限、担保条件等。商业性和政策性金融机构的合作，可以发挥各自的优势，增强商业性金融服务民企的积极性。

(5)设立专门部门、加强自身人才队伍建设

金融机构服务民企“走出去”，参与“一带一路”建设，是一项长期任务，它需要专门的部门来实施，专门的人才队伍来管理。为此商业性金融机构可以在内部设立专门的机构来对接民企“走出去”相关金融服务，更好地满足民企“走出去”的金融服务，与此同时，培养一批专门从事服务民企“走出去”的人才队伍。

2. 政策性金融机构

(1)加速全球布局，推进政策性金融机构国际化

随着我国民企“走出去”和参与“一带一路”的程度不断加深，政策性金融机构的国际化更具可行性和必要性，为了全力支持我国企业“走出去”，政策性金融机构必须朝着国际化方向迈进。政策性金融机构可以参考国外商业银行采取的跟随战略，与支持的“走出去”重点企业实行同步进入的方式，与企业同步“走出去”，加快国外分支机构的设立布局，发挥政策性金融机构的模范带头作用，并吸引国内有实力的商业银行跟进。同时，中国的政策性金融机构还要更多地与国外同类机构加强合作，加强与国外商业金融机构的合作，帮助企业充分利用全球资金，为本国企业的

跨境业务提供融资、结算等业务。

(2)适度政策倾斜,支持民企"走出去"

民企在"走出去"的过程中面临的最大问题就是缺乏资金,政府和金融机构对大型国有企业的重点扶持,使得中小民企获得资金支持难上加难。借鉴美国、日本等发达国家的经验,这些国家都建立了专门的管理机构来负责对中小企业提供对外直接投资的支持。因此我国政策性金融机构应当积极转变思路,积极落实普惠金融政策,将更多的金融资源向中小民营企业适度倾斜,在突出支持优势企业做大做强的同时也要积极扶持和培育小微企业"走出去"。

(3)完善企业"走出去"的信息咨询服务体系

目前中国进出口银行和中国出口信用保险公司均已设立专门的机构研究国别风险,提供信息咨询服务,但是服务体系的内容有待进一步完善,宣传力度有待进一步加强。应当建立国内外市场动态数据中心和信息库,对东道国的法律法规、风土人情、消费习惯等方面进行深入的调研,为民企"走出去"提供准确、全面的资讯。同时还需要引导民企有序地进行对外直接投资,加强与投资国引进机构的协调与沟通,加强与投资国的信息交流。

政策性金融机构必须为民企提供全方位的信息咨询服务,减少民企因信息不对称面临的投资风险。政策性金融机构可以发挥自身海外分支机构多、合作伙伴多、与政府联系紧密的优势,加强信息的收集和梳理工作,构建跨国投资信息库,为民营企业"走出去"提供良好的信息咨询以及项目可行性研究服务。

(二)需求方的角度

1. 民企应当加强与国企之间的合作

民营企业应当加强与国有企业之间的合作,以增加产业机遇,降低发展阻力,提高经营效率。民营企业可以携手国有企业共同开拓海外市场,也可以寻求机遇加入国有企业主导的企业集群和战略联盟。国企和民企各有优势和劣势,一般来说国企具有资金和政策方面的优势,但是国企制度烦琐、协调过程长，难以及时应对市场的变化；而民企经营比较灵活、受政策影响较小，但是民企往往自身实力较弱。在民企参与“一带一路”的过程中，可以寻求机会与国企开展合作，利用国有企业的资金和政策优势，并结合民营企业灵活、受政策影响较小的特点，实现二者的双赢。民企通过引入国有企业作为自己的合作伙伴，可以在进行海外投资的过程中，更能够得到东道国政府的关注和重视，在与政府谈判中拥有更多的话语权。

2.“抱团出海”，建立国际产业价值链

在“走出去”的过程中，民企的优势是灵活，但是相应地，抗击风险的能力也相对较弱。民企在参与“一带一路”的过程中，“抱团出海”是一个比较可行和稳妥的方式，有利于民营企业充分发挥自身优势，利用自有品牌、自主知识产权和自主营销渠道，进行全球化的采购、生产和销售。据统计，单独进行海外投资的企业，其存活率往往不到四成，而通过“抱团出海”的方式进行海外投资的企业存活率可以达到六成以上（任立波，2017）。民企相对于有多年海外拓展经验的国企来说，往往规模小、经验少，利用多方的协调配合，通过自贸区和海外工业园区的建设，可以提高民企“走出去”的成功概率。民营企业还可以借助商会和行业协会的力量，与协会企业进行合作交流，这能够在一定程度上避免同类型企业恶性竞争，寻求更好的发展渠道。

3. 完善民企自身治理体系的建设

大部分的民企缺乏完善的公司治理制度，在公司治理能力上显得尤为不足，这些企业抗风险能力差、经营稳定性差。同时对于大部分的非上市民企来说，财务和经营信息的透明度也亟待提高。公司治理能力的缺乏会给企业海外投资和资金管理方面带来高风险，不透明的财务数据也会给公司的融资带来一定的阻碍，尤其是那些需要大量流动性资金的民企，将很难在高竞争性的海外市场中生存。因此未来民企需要进一步完善公司治理体系，提高自身的财务和经营信息透明度，减少投资者与企业之间的信息不对称。

4. 做好海外投资前期尽职调查，全面了解投资环境

民企“走出去”前首先要做好可行性研究，以发现产业发展机遇，评估投资效果；此外产业发展机会应当与企业自身的发展战略相契合，将海外业务变为企业的优势业务进行拓展或者与之形成互补；最后在确认项目可行后，要根据选定产业和目标国家做好尽职调查，主要包括政策调查、财务调查、税务调查、法律调查等。从过往的经验来看，缺乏完善的可行性研究和尽职调查是民企“走出去”失败的重要原因之一。比如有些中国企业去海外实施了很大的并购项目，但是因为前期调研不足或者预判失误，最终导致项目失败。不少“一带一路”国家的政治风险较大，其中又有部分热门投资国家与中国政治关系紧张，存在领土、领海争议，使得中资企业进入当地市场存在诸多的不确定性。

5. 注重公司财务管理，降低财务风险

近年来，民企海外并购的热度不断提高，资金需求不断扩大，给民营企业的财务管理带来不小的挑战，其中包括税务和融资等方面的问题，民企解决此类问题的能力有待提升。不少民企自身财务管理能力较弱，对金融机构依赖较大，对投资国和中国内地市场的差异了解不足，无法有效地利用当地优惠政策，这些都给企业的财务管理带来了巨大的挑战。为此民企需要在投资前期尽早掌握投资目标国家的相关税务和金融政策，经常性地从当地政府官网、中国驻外经济商务参赞处、中信保官网等渠道获取东道国的动态信息，做到心中有数，有效管理公司财务，实现公司价值的最大化。

6. 塑造民企自身的形象，承担社会责任

拥有良好的企业形象是企业进行海外投资成功的关键因素之一。很多企业尤其是民企并不擅长公关运作和塑造企业自身形象，与当地政府、企业、民众沟通不畅，这往往导致企业项目谈判困难、进入市场受阻。只有维护好公共关系才能够帮助民营企业获得当地民众的信任和支持，降低发生纷争的概率。

此外积极履行社会责任也是企业对外宣传的手段之一，也是民营企

业“走出去”的柔性成本。民企需要将日常的生产经营与社会责任的履行有效融合起来，可以有效地帮助企业获得当地政府和民众的认可，增强企业的竞争力。

7. 制定清晰的海外发展战略，提高自身的竞争力

制定清晰的海外发展战略是民企进行海外投资的前提。民企应当结合自身的特点和当前的政策动向，充分考虑各方面因素，制定企业海外发展战略。民企要抓住国内供给侧结构性改革带来的发展机遇，不断提升产品和服务质量。加强技术研发，掌握核心技术，生产核心产品，不断推出适合当地市场需求、具有较强竞争力的产品和服务。

（三）政府的角度

1. 中央政府

（1）加强顶层设计，引导民企有序“走出去”

中央政府要充分理解、正确把握“一带一路”的内涵，找准定位，有机统筹国内、国际两个市场、两种资源。根据国内外形势的变化，布局重点地区市场，注重一国一策，同重点国家对接经济和产业规划，实现早期收获，打造示范样板。确定对外投资重点产业，推动各类型企业“抱团出海”，加快境外经贸合作园区的建设。做好相关重大规划、重大项目的设计与论证工作，加强各部门的协调沟通，及时出台相关政策和指导意见。积极引导地方政府参与“一带一路”建设，合理定位相关省份的职能和责任，发挥各地优势，引导民企有序地“走出去”。

（2）加快制定海外投资保护法，为民企“走出去”保驾护航

结合“一带一路”建设的实际需求，尽快出台境外投资基础性法规，制定和完善相关配套规章制度，逐步构建涵盖核准、监管、保险、金融、税收、争端解决等各个方面的境外投资法律体系。加快政府机构改革和职能转变，推进形成统一协调的综合平台、高效便捷的工作体系、公开透明的流程规范，改革对外投资管理体制，实行统一开放的管理政策。坚持把推进对外投资便利化和防范风险结合起来，充分运用法律手段，加强对民企境外投资行为的信息采集工作，加强对“走出去”企业的监测，强化事中事后

监管，引导民企自我约束，实现合法合规经营。

(3)健全金融支持体系，创新金融服务模式

现有投融资模式较为单一，难以满足“一带一路”建设的金融需求，亟须构建多层次、高效率的投融资体系。一是加大亚投行、金砖国家开发银行、丝路基金、中国—东盟基金等多边金融机构、政府性基金对民企的支持力度；二是引导国家开发银行、中国进出口银行等政策性银行与商业银行开展合作，支持金融机构在“一带一路”沿线地区开设网点，拓展服务范围，对民企和国企一视同仁，为民企提供便利化服务；三是设立若干产业基金，吸收国内外金融机构和民间资本参与，支持民营企业进行产业投资；四是完善海外投资商业保险机制，丰富境外投资保险机构，满足民企境外投资保障需求；五是建立海外投资担保体系，对民企海外投资提供担保；六是降低民企在资本市场融资的门槛，鼓励有条件的民企发行海外投资债券。

鼓励金融机构针对民企特点，加强金融创新，鼓励商业银行与国内、国际开发性金融机构合作，采用银团贷款、委托贷款等方式支持“一带一路”基础设施项目投资，为“一带一路”重大项目建设提供大额、长期融资支持。引导金融机构积极开展国际并购贷款、工程项目贷款、国际保理等跨境金融业务，综合利用股权、债权、资产证券化等多种投融资组合，为企业融资提供多样化选择。

(4)推动“一带一路”倡议与他国发展战略对接，为民企“走出去”营造良好外部环境

“一带一路”倡议提出以来，已经同俄罗斯提出的欧亚经济联盟、东盟互联互通总体规划等多个国家的发展战略实现了对接，同亚太经合组织互联互通蓝图、联合国2030年可持续发展议程等多边倡议高度契合。中国还同60多个国家(地区)签署了“一带一路”合作协议。“十三五”规划期间，中国还将与相关国家共同推进中蒙俄、新欧亚大陆桥、中国—中亚—西亚、中国—中南半岛、中巴、孟中印缅等六大经济走廊建设。

中国还同相关国家不断强化现有的双边合作机制，服务“一带一路”

建设的重点领域。中国同沿线所有国家都建立了经贸联委会机制，成立了中白工业园政府间协调委员会、中巴经济走廊联委会等服务“一带一路”重大合作项目的双边机制。中国—东盟博览会、中国—亚欧博览会等大型展会的桥梁纽带作用不断增强。通过上述措施，进一步优化了民企“走出去”的外部环境，为民企“走出去”提供了一个良好的发展机遇。

(5)综合运用财税政策扶持民营企业发展壮大

在财政支持方面，要明确政策支持导向，对参与“一带一路”的民企给予财政补贴或财政资金支持，当前民营企业已占到“一带一路”对外投资企业数量的94%以上①，应将民营企业作为重点支持对象，对其在沿线国家投资、符合国家战略方向的重点项目、研发投入等给予必要的财政补贴、贷款贴息等资金支持。对民营企业对外投资可行性研究、项目基础设施建设、国内紧缺产品回运等活动给予资金支持，特别是对回运国内紧缺的天然橡胶、棕榈油、谷物、大豆、棉花、铜材、铁矿石、原油等战略性物资给予财政补贴，对投资活动的保费给予财政补贴。

在税收支持方面，应完善对外投资税收法律体系，建立鼓励民营企业到沿线国家投资的税收机制，加快双边避税协定在沿线国家的全覆盖，健全出口退税制度，明确享受税收减免或优惠政策的领域，对民营企业境外投资所需的重要零部件、设备和技术的出口采取税收优惠，对投资活动发生的部分费用采取在税前抵扣等激励措施。

(6)完善民企征信系统建设

我国民营企业大多是小微企业，目前小微企业信用体系建设存在着缺信息、缺产品、缺机构、缺评级、缺动力、缺机制等诸多问题。为了进一步完善我国中小企业的征信体系，一是政府应当完善相关法律法规，让小微企业信用体系建设惠及参与各方；目前我国关于企业征信体系的相关法律尚未形成统一的体系，对于小微企业征信没有具体的规范说明，所以我国应当及早对小微企业征信体系建设方式进行设计，着手建立征信相

① 数据来源为商务部发布的《中国对外直接投资统计公报》。

关法律，包括规范小微企业信用信息的采集、整理、加工、使用、共享、保护等内容，让市场主体有法可依，共同推进小微企业征信体系建设并从中获益。二是借助现代信息技术优势，加快推进小微企业征信体系建设；互联网技术的使用可以大大降低建设企业征信系统的成本，通过互联网实现小微企业信用信息的高效收集、整理和共享等，互联网技术改变了时空的局限性，能够使小微企业自觉维护自身信用。三是尝试将小微企业信用信息与企业主要负责人个人信用信息绑定，让小微企业人格化，把小微企业信用与主要负责人的信用关联起来，有利于小微企业关注自身的信用，减少企业负责人恶意失信导致企业破产的现象。

2. 地方政府

(1)营造舆论氛围，调动民企“走出去”的积极性

“走出去”对外直接投资与吸引外资一样是经济发展的重要途径和手段。地方政府应当充分认识民企“走出去”的意义，把推动民营企业“走出去”摆到发展的突出位置。同时运用多种手段，广泛宣传实施“走出去”的意义、目标、任务和措施，不断总结民企“走出去”的经验，营造“走出去”的舆论氛围，调动民企“走出去”和金融支持民企的积极性。

(2)优化服务，促进民企“走出去”

一是设立地方性海外投资服务中心，针对企业“走出去”过程中遇到的困难和问题，主动协调，及时帮助解决，协助企业成功“走出去”；二是为民企“走出去”创造必要的条件，定期组织相关国别市场和投资环境的推介会，帮助民企了解国(境)外投资环境和经济合作项目，建立与境外机构的交流平台和合作渠道；三是加强与我国驻外经商处和国外驻华经商机构的联系，及时收集整理发布境外投资和工程项目信息，与境外投资促进机构建立交流合作机制，帮助企业“走出去”发展。

(3)加大政策支持，对待民企与国企要做到一视同仁

政策扶持是企业“走出去”的重要推手，地方政府对民企“走出去”在享受政策上始终要做到一视同仁，为民企“走出去”创造良好的政策环境。首先是在争取上级政策上做到一视同仁，积极向商务部、政策性银行、政

策性保险等部门反映本地民企的实际情况和具体要求，争取国家部门的支持，帮助本地民企获得相关金融、保险政策的支持；其次是在地方出台的扶持政策上做到一视同仁，对民企和国企要“一碗水端平”；最后是在部门协调上一视同仁，针对民企“走出去”涉及面广、环节多的特点，着力加强同财政、银行、保险、海关、商检、外管、外办、公安等部门的横向协调，互相协作，互相配合，共同为民企“走出去”提供支持。

(4)进一步简化民企海外投资的审批程序

民企海外投资需要经过管理部门的多重审批，尽管近年来政府通过简政放权和“放管服”改革，简化了很多审批流程，但是目前来看，审批程序仍未达到简化和便利的目的。民企“走出去”受到多重主管，审批程序烦琐、期限长，各个管理部门都从自身关注点出发，导致审批标准不一，随意性很大，审批效率低下使得民企错失商机。因此地方政府需要进一步简化审批手续，减少民企申报“走出去”项目的审批环节，设立统一的协调机构来审核管理民企对外投资，提高民企对外投资的审批效率。

(5)制定民企“走出去”的地方性规划

地方政府需要立足于本地实际，结合国家的战略部署，制定详尽的民企“走出去”规划。一是要加大金融对民企“走出去”的支持力度；二是支持有条件的民企先“走出去”，通过国企带动帮扶民企一起“走出去”，实现共同发展；三是结合地方优势产业和产能，支持优势产业的龙头企业“走出去”，形成示范效应；四是加强省际合作，实现跨省民企之间的合作；五是将民企“走出去”参与“一带一路”建设与长三角一体化、京津冀协同发展、长江经济带发展、粤港澳大湾区建设等国家重大发展战略结合起来，凝聚各方力量，共同推动民企更快、更稳地“走出去”。

六、结论

我们在民企相对发达的地区，进行实地调研，了解到当前民企参与“一带一路”的意愿较强，国家也给民企参与“一带一路”以适当的激励。与国企不同，民企参与“一带一路”的方式灵活多样，进退比较自由，更以市场化、商业化为导向，遇到的政策阻力较小。但是不可否认，民企的财务透明度差，公司治理不够规范，信用积累尚在进行，在参与“一带一路”过程中所能获得的金融支持明显薄弱与不足。金融支持的薄弱客观上成了很多民企参与“一带一路”以及推行“走出去”战略的重要“拦路虎”。为了扫清此一路障，需要分析民企参与“一带一路”面临的问题，这些问题背后的成因（部分原因乃是民企金融需求的异质性，以及因此而与现有金融格局不相匹配）。

我们的研究表明，民企对金融服务的需求异质性主要体现在：缺乏母国政府的支持；缺乏大股东的资金与担保支持；民企自身常受公司治理、财务困境与创始人出事等问题困扰；民企“走出去”需要金融机构引导，而国企的“走出去”会带动金融机构“追随客户”；民企财务透明度较低，金融机构对其信任不足；民企对资金的需求相对有限，金融机构对其开展业务动力不足等。

而现有金融格局与民企需求的不匹配主要体现在：现有金融体制倾向于为大企业及国企服务；民企相对缺乏政策性金融机构等政策资源；金融机构的海外布局不适应民企的需要；银行的强避险意识阻止了为民企服务；强金融监管延缓了民企“走出去”步伐；民企国内的高债务及高杠杆限制了其海外融资等。

针对这一现象，我们提出，需针对民企金融需求特有特征，从供给侧入手，强化制度创新、机制设计、产品研发等。政府在此过程中应发挥重要作用，比如给予政策激励，引导各类金融机构进行组织、业务、产品、渠道等创新，提升金融供给对民企金融需求的适应性，以此作为政策着力点，方能收到事半功倍的效果。民企参与“一带一路”建设，通过“走出去”，实现产能合作、技术输出、资源获取、市场开拓等战略目标，有助于其做大做强。

参考文献

[1]陈四清．用金融创新推动“一带一路”建设[J]. 中国金融，2017(19).

[2]大成企业研究院．2017 年民间投资与民营经济发展重要数据分析报告[J]. 社会科学文献出版社，2018.

[3]董文标．落实“一带一路”战略，推进民营企业“走出去”[J]. 中国金融家，2015(3).

[4]方旖旎．民营企业对“一带一路”沿线国家大型直接投资非经济风险与对策的研究[J]. 晋中学院学报，2016(5).

[5]辜胜阻，吴沁沁，庄芹芹．推动“一带一路”建设与企业“走出去”的对策思考[J]. 经济纵横，2017(2).

[6]郭百红．“一带一路”战略框架下我国企业国际竞争力分析——兼国有企业与民营企业比较[J]. 中国物价，2017(5).

[7]国家发展和改革委员会经济体制与管理研究所课题组．“一带一路”背景下东北地区民营经济发展问题研究[J]. 经济纵横，2017(1).

[8]国家信息中心．“一带一路”大数据报告(2017)[R]. 2017.

[9]国家信息中心“一带一路”大数据中心．“一带一路”大数据报告(2016)[R]. 2016.

[10]国新办．国新办就银行业支持“一带一路”举措成效举行发布会[N]. 人民日报，2017－5－12(1).

[11]胡正福．我国民营企业“走出去”面临的国内十大障碍问题[J]. 对外经贸实务，2014(9).

[12]姜波．保险业服务“一带一路”战略的初步探索及发展建议[J]. 清华金融评论，2016(12).

[13]姜洋．深化资本市场改革，助推“一带一路”建设[EB/OL]. (2017－06－06)[2019－06－10]. http://www.csrc.gov.cn/pub/newsite/zjhxwfb/xwdd/201706/t20170606_317898.html.

[14]蒋晶．“一带一路”背景下广东民营企业“走出去”战略分析[J]. 价值工程，2017(32).

[15]蒋鹏举，谢海，陈国珍．“一带一路”战略下江苏民营企业国际化的对策研究[J]. 中国发展，2017(5).

[16]降彩石．中国经济全球化进程中保险公司的角色[J]．上海国际保险论坛，2017(6)．

[17]蓝庆新．应大力推进民营企业参与“一带一路”建设[J]．人民论坛·学术前沿，2017(9)．

[18]李怀珍．打造民企“一带一路”联合舰队[J]．中国金融，2017(9)．

[19]李建军、张丹俊．中小企业金融排斥程度的省域差异[J]．经济理论与经济管理，2015(8)．

[20]李敏、阮刚辉．“走出去”民营企业在公共外交中的角色与作用——以浙江企业为例[J]．观察与思考，2012(7)．

[21]李佩、靳永辉．我国保险行业发展态势、困境与路径探寻——基于“一带一路”视野的战略分析[J]．技术经济与管理研究，2017(6)．

[22]李荣华．深圳市中小微企业资金缺口超万亿，南方网，http://economy.southcn.com/e/2017－08/22/content_176508660.htm，[2017－08－22]．

[23]李蕊，王晓红．大力推动民营企业对外直接投资的政策建议——对浙江省杭州、温州两市民营企业对外直接投资情况的调研[J]．全球化，2016(11)．

[24]林春回，王国平．我国民营经济在“一带一路”中如何“走出去”——以福建民营企业为例[J]．华侨大学学报：哲学社会科学版，2016(4)．

[25]刘梦羽，钟磊．“一带一路”战略让民企大有作为[J]．中国报道，2015(4)．

[26]刘婷婷．“一带一路”的财税支持政策研究[D]．山东财经大学学位论文，2016．

[27]刘文镇，陈金昌．“一带一路”：民企品牌国际化之路[J]．中国品牌 2015(9)．

[28]刘馨蔚．“一带一路”大数据报告(2017)：从数据看“一带一路”建设成就[J]．中国对外贸易，2017(11)．

[29]刘毅．“一带一路”背景下民营经济发展的金融支持研究[J]．当代经济，2016(26)．

[30]刘媛媛，刘俊晴．关于我国金融体制改革滞后性分析及解决对策[J]．山西农经，2015(4)．

[31]鲁桐，李朝明．温州民营企业国际化[J]．世界经济，2003(5)．

[32]骆嘉．“一带一路”视阈下江西民营企业“走出去”方略探析[J]．企业经济，2016(8)．

[33]宓红．“一带一路”战略背景下的宁波民营企业“走出去”[J]. 宁波经济(三江论坛),2015(3).

[34]任立波．中国民企在“一带一路”建设中的地位和作用[M]. 北京:社会科学文献出版社,2017.

[35]山石．为民企“走出去”铺好路[N]. 中国化工报,2014－11－24.

[36]商瑾,于中元．金融服务企业“走出去”的国际经验[J]. 商业经济,2013(3).

[37]商务部,国家统计局,国家外汇管理局. 2016 年度中国对外直接投资统计公报．2017.

[38]邵洪波．“一带一路”国家的智力资本、财务资本与中国策略[J]. 中国流通经济,2016(12).

[39]王海峰．民营企业参建“一带一路”的愿景和思路[J]. 中国国情国力,2017(9).

[40]王济光．民营企业参与“一带一路”战略走出去问题研究[J]. 经济界,2017(6).

[41]王鹏程．中资银行切入“一带一路”市场须修炼硬功夫[EB/OL].(2017－06－29)[2019－06－01]. http://www.sohu.com/a/153191322_676545.

[42]王钦敏．积极助力民营企业走出去[J]. 人民论坛,2015(31).

[43]王仁厚,韩雨霏．加快推进小微企业征信体系建设的思考[J]. 征信,2016(1).

[44]王小宁．论民营企业高资产负债率的成因危害及对策[J]. 市场周刊:理论研究,2013(10).

[45]王志凯．“一带一路”战略与“亚投行”的使命[N]. 中共浙江省委党校学报,2015(6).

[46]魏迎宁．当前中国保险业发展面临的机遇和若干问题[J/OL]. 南开金融(北京)论坛,2017,3[2019－06－08]. https://www.baidu.com/link?url=Y0WTCfKNNblUICPCc45lOGcZ_4et_iFRiQlOiYY9UglErADeTODizdsY23Vh2aEJ0qkkAC5fOQTlhfAZtgJo3K&wd=&eqid=96563ec200043aa4000000035a8917d1.

[47]翁国民,马俊彦．论民营企业对外直接投资之风险评估与防控[J]. 法治研究,2015(2).

[48]新华社．百余国家和国际组织参与“一带一路”建设[N]. 京华时报,2016－

08－18.

[49]胥慧颖．提升民营企业在“一带一路”中的作为[J]. 中小企业管理与科技：中旬刊，2016(2).

[50]徐继峰．民营企业参与“一带一路”建设前景光明[J]. 中国财政，2017(16).

[51]徐瑛楠．经济新常态下民营企业可持续发展的战略研究[J]. 中国商论，2015(27).

[52]徐志炎．“一带一路”战略下浙江省民营企业国际化研究[J]. 浙江大学学位论文，2016.

[53]许萍．国外政府对中小企业融资的扶持政策及其启示[J]. 福州大学学报，2003(2).

[54]许小年．中小企业融资难应发展小微金融服务实体[J]. 现代商业银行，2017(3).

[55]闫树生．“一带一路”助推民营企业“走出去”过程中存在的问题和解决措施[J]. 全国商情，2016(12).

[56]杨婧．“一带一路”建设中的金融风险管理[J]. 时代金融，2015(36).

[57]张瑾华，李新春，何轩．中国中小型民营企业的被迫国际化——以制度环境与创新能力影响下的共生性依赖为视角[J]. 财经研究，2014(1).

[58]张文佳，午于晨．“一带一路”与民营企业跨国并购——以复星国际收购以色列凤凰控股有限公司为例[J]. 经营与管理，2017(11).

[59]章凡华，魏厚钱，吴男．“一带一路”战略下中国民营企业投资非洲现状研究[J]. 当代经济，2017(21).

[60]赵安娜．汽车行业国有与民营企业海外并购行为的多案例研究[D]. 浙江大学学位论文，2016.

[61]赵桂才．“一带一路”倡议下中国飞机租赁产业的发展方向[J]. 中国航空金融发展(东疆)国际论坛，2016(9).

[62]赵优珍．浙江中小民营企业国际化现状、问题和发展对策[J]. 国际经济合作，2003(10).

[63]赵宇梓．建议加大政策性金融扶持，支持中小企业健康发展[EB/OL]. (2015－03－03)[2019－06－06]. http://finance. people. com. cn/n/2015/0303/c1004-26627474. html.

[64]赵宇梓．中小企业是经济活力的源泉[EB/OL].(2015－03－02)[2019－06－07]. http://news.163.com/15/0302/14/AJN5SBLK00014JB5.html.

[65]中国人民银行绍兴市中心支行课题组．金融支持民营企业国际化转型对策研究[J].浙江金融，2010(8).

[66]朱熙宁．民营企业融入“一带一路”战略研究[J].黄河科技大学学报，2016(5).

混合所有制改革中民企的特征与选择

金德环

一、序言

从 1978 年十一届三中全会召开至今，我国的经济体制改革已有 40 年了，40 年的改革成果是巨大的。我们从当初的计划经济体制中撕裂一条口子，阶段性地把非公有制经济因素逐步与公有制经济进行融合，大致经历了个体经济对计划经济的补充、计划经济为主，商品经济为辅、计划经济与市场经济相结合，到社会主义市场经济这样几个发展阶段。从 1992 年党的十四大确立了中国走市场经济体制的道路以后，又经过了 25 年的改革实践与探索，市场经济体制不断地得到巩固和发展，我国的经济增长成果显著，国内生产总值由 25 年前的 2.72 万亿元增长到 2017 年超过 82.7 万亿元，增长近 30 倍。从体量上看，我国已经成为美国之后的全球第二大经济体和第一大贸易国。

然而，我们在市场经济体制的改革完善进程中，虽然不断地取得进步，也存在一定的滞后与反复。在确定市场经济模式的 25 年来，民营经济和私营经济规模不断扩大的同时，国有经济的规模也在不断扩大，特别是在 2008 年受全球次贷危机影响而实行的四万亿元投资刺激计划的时期，一度呈现出国进民退的现象，市场配置资源的基础性作用并未完全的解决。市场经济体制从表象上看，似乎民营经济规模在不断扩大，但是从企业层面上看，国有和民营两种体制的企业绝大部分仍然以各自的所有制形式存在着，并没有在企业层面上实现真正的融合。这样的结果，必然导致不同所有制企业在社会经济运行合作中出现利益的保护性摩擦，从而影响整体经济的运行成本并导致效率损失。基于此，党中央在 2013 年 11 月党的十八届三中全会文件上正式提出了混合所有制改革，以最终解决不同所有制企业之间存在的利益摩擦和效率损失问题。但是四年多以来，特别是近两三年在实行供给侧结构性改革以来，在执行层面中又存在一波对民营企业的挤出效应，真正进行混合所有制改革的企业为数不多，其原因在哪里呢?

经济改革主体之间的现实问题在于，不同所有制企业经营目标上的利益差异必然导致他们的追求目标的差异。这种差异要求混合所有制改革必须要考虑双方的利益诉求，并创造与此相适应的外部条件。只有深入分析混合所有制改革理论和实践中的问题和困难，抓住混合所有制改革中的本质和难点，才有可能提出符合未来发展要求的政策和建议，也可以为民营企业进入混合所有制企业时提供相应的参考意见。本课题旨在通过对中国当前经济体制改革的现状、目标和趋势的客观定位，深入分析民营企业在混合所有制改革中所面临的问题和难点，并寻找它们产生的原因和本质，继而根据民营企业自身的特点，提出在混合所有制改革中可以选择的目标和参与方式。按照民营企业的不同行业特点，本课题有针对性地选择了相关行业的混合所有制改革案例，分析了他们的经验与教训，为准备参与混合所有制改革的民营企业提供参考。

二、混合所有制改革——中国特色市场经济体制改革大趋势

(一)中国特色市场经济体制的框架已基本形成

1. 二十五年来市场经济体制形成的现状

我国社会主义市场经济体制从初步形成到不断完善大致分为三个阶段。

1992 年到 2002 年是社会主义市场经济体制框架初步建立的阶段。1992 年党的“十四大”确立了社会主义市场经济体制的改革目标。1993 年 11 月党的十四届三中全会通过了《关于建立社会主义市场经济体制若干问题的决定》，这两个文件正式提出了我国社会主义市场经济的改革方

向和基本内容。在这个阶段，我国取消了之前的生产资料价格双轨制，进一步放开了竞争性商品和服务的价格，各类要素市场逐步形成。与市场相关的社会保障体系建设开始建立和完善，逐步形成了社会统筹和个人账户相结合的养老、医疗保险制度，建立起了失业保险、社会救济制度及城镇居民最低生活保障制度。围绕市场经济体系建设对财政、税收、金融、外汇、计划和投融资体制进行了相应的配套改革，确立了以分税制为核心的新的财政体制框架和以增值税为主的流转税体系。在国企改革方面，按照党的"十五大"确立的公有制为主体、多种所有制经济共同发展的基本经济制度，参照现代企业制度，实施"抓大放小"，推进国有企业改革和国有经济布局的结构调整，一批国有大中型企业改制为国有独资公司、有限责任公司或股份有限公司。许多全国性的行业总公司改组为控股公司，通过改组、联合、兼并、租赁、承包经营和股份合作制、出售等形式，对中小型国有企业进行了改革，使它们成为真正的市场主体。到 2002 年 10 月，党的十六大会议正式提出，我国的社会主义市场经济体制的基本框架初步建立。

2003 年到 2011 年是社会主义市场经济体制的初步完善阶段。党的"十六大"在提出我国未来的改革目标时，要求到 2020 年建成完善的社会主义市场经济体制，在 2003 年 10 月，党的十六届三中全会通过了《中共中央关于完善社会主义市场经济体制若干问题的决定》，对建设完善的社会主义市场经济体制做出全面部署，第一次提出要"大力发展国有资本、集体资本和非公有资本等参股的混合所有制经济，实现投资主体多元化，使股份制成为公有制的主要实现形式"。与此同时，党中央总结提出科学发展观和构建社会主义和谐社会的重大战略构想，自此，我国改革进入完善社会主义市场经济体制的新阶段。在这个阶段，我国放宽了非公有制经济的市场准入，允许非公有资本进入法律法规未禁入的行业和领域，为非公有制经济发展提供制度保障。我国改革了投资体制，政府投资的范围进一步缩小，企业投资自主权逐步扩大。土地、劳动力、技术、产权、资本等要素市场进一步发展，水、电、石油和天然气等重要资源价格的市场化步伐加快。到 2012 年,我国非公有制经济对 GDP 的贡献率超过了 50%,市场经济体制初步得到完善。

2012 年到现在是我国社会主义市场经济体制改革,同时涵盖社会、政治、文化以及生态文明的五位一体,全面深化改革的新阶段。在这一阶段,现代市场体系和宏观调控体系不断健全。2012 年 11 月党的十八大提出要加快完善社会主义市场经济体制,完善公有制为主体、多种所有制经济共同发展的基本经济制度,完善按劳分配为主体、多种分配方式并存的分配制度,更大程度、更广范围发挥市场在资源配置中的基础性作用,完善宏观调控体系,完善开放型经济体系,推动经济更有效率、更加公平、更加可持续发展。2013 年 11 月十八届三中全会作出了《中共中央关于全面深化改革若干重大问题的决定》,并成立了全面深化改革领导小组,《决定》进一步强调要紧紧围绕使市场在资源配置中起决定性作用,深化经济体制改革,坚持和完善基本经济制度,加快完善现代市场体系、宏观调控体系、开放型经济体系,加快转变经济发展方式,加快建设创新型国家,推动经济更有效率、更加公平、更可持续发展。在论述坚持和完善基本经济制度时,《决定》将"积极发展混合所有制经济"单列一条,指出"国有资本、集体资本、非公有资本等交叉持股、相互融合的混合所有制经济,是基本经济制度的重要实现形式,有利于国有资本放大功能、保值增值、提高竞争力,有利于各种所有制资本取长补短、相互促进、共同发展"。

在一系列政策推动和实践过程中,我国不仅从理论上确立了社会主义市场经济的基本理论体系,而且在实践中不断得到完善和发展。可以看到,几乎每隔十年,中央都会就中国特色社会主义市场经济体系的深化改革与发展提出一个最新的指导性文件。如 1993 年党的十四届三中全会通过的《关于建立社会主义市场经济体制若干问题的决定》的文件,该文件首次提出了社会主义市场经济体制改革的基本内容。2003 年党的十六届三中全会通过的《中共中央关于完善社会主义市场经济体制若干问题的决定》,该文件针对前十年的改革实践进一步对建设完善的社会主义市场经济体制做出全面部署,第一次提出要"大力发展国有资本、集体资本和非公有资本等参股的混合所有制经济，实现投资主体多元化，使股份制成为公有制的主要实现形式。”2013 年十八届三中全会作出的《中共中央关于全面深化改革若干重大问题的决定》，该决定进一步强调要紧紧围绕使市场在资源配置中起决定性作用来深化经济体制改革，特别重要的是将“积极发展混合所有制经济”单列一条提出来，把混合所有制经济看成是实现社会主义基本经济制度的重要实现形式。这每隔十年一次的最高层文件，不断地指引着中国特色社会主义市场经济体制深化改革的重要方向和实施步骤，提出了由市场经济体制的总体框架到混合所有制改革的具体实施内容的细化方案，为我国的经济体制改革沿着中国特色社会主义市场经济正确道路发展提供了保障，促进了我国经济的快速发展。

这 25 年来，随着市场经济体系的不断发展完善，我国民营经济和混合所有制经济得到了快速的发展。到 2017 年底，我国民营企业数量达 2 726.3 万家，个体工商户 6 579.3 万户，注册资本超过 165 万亿元，民营经济对国家财政收入的贡献占比超过 50%；GDP、固定资产投资和对外直接投资占比均超过 60%；技术创新和新产品占比超过 70%；吸纳城镇就业超过了 80%；对新增就业贡献的占比超过 90%①。而在 1992 年初，邓小平同志南方谈话时，全民所有制经济占我国 GDP 总值的 51.4%，集体所有制经济占 35%，城乡个体经济占比是 7.8%，私营企业、合资企业、外商企业对国民经济的贡献率是 5.8%，两项加起来不到 14%②。从新增企业类别来看，从 90 年代初开始，我国新增企业中集体企业的数量占比从 50%以上急剧下降，而个体企业数量占比从 10%左右迅速攀升，到 2017 年达到 65.67%③。同年规模以上私营工业企业数量达到 22.2 万家，占全部规模以上工业的比重为 57.7%；吸纳就业 3 271 万人，占比达

---

① 数据选自 2018 年 4 月 28 日，林毅夫在“回望中国民企发展 40 年”为主题的“德胜门大讲堂”上作的报告。

② 数据选自 2018 年 5 月 8 日，林毅夫发表在“商会通讯”网站上。

③ 数据选自 2018 年中国民营企业发展研究报告。

36.9%;资产总计达到25.1万亿元,占比达22.3%;主营业务收入40万亿元,占比达34.4%。

就混合所有制最典型的股份制企业而言,我国从1990年开始设立证券交易所,当年上市公司为8家。到2017年底,沪深两市共计有近4 000家上市公司,增长近500倍,保有市值约60万亿元。以上成果充分说明,25年来在党中央国务院的坚强领导下,中国特色社会主义市场经济体系获得了极大的发展,民营经济和混合所有制经济获得了快速增长,有力地支持了我国经济在不长的时间内迅速成长为第二大经济体。

2. 改革有曲折,任重而道远

然而这一过程也并不总是一帆风顺,在整体经济发展过程中,国有经济与民营经济各有不同的利益诉求。国有经济是社会主义公有制经济的主导力量,而民营经济更容易被看成是一种体制外的力量,两者如何更好地匹配,更好地为发展社会主义经济服务,成为改革过程中较难以解决的一大问题。比如,十八届三中全会着重提出的"积极发展混合所有制经济",到目前为止,难以看到有较大的改革发展成果。在近几年的供给侧结构性改革过程中,往往是民营经济成分遭受到更多的挤压。因此,如何正确处理改革过程中存在的各种矛盾和问题,成为当前必须认真思考与解决的重要议题。

(二)中国特色经济体制改革进一步深化的目标

1. 中国社会主义市场经济体制特征的标记

如前所述,社会主义市场经济是一种基本经济制度,社会主义经济是一种公有制主导的经济形态。而市场经济是由市场供求来支配资源的经济形态。这种公有制应该表现为公有制框架下多种所有制经济的共存。这里的多种所有制主要表现为公有制和私有制两大类,其中的公有制又可以分为国有的全民所有制和集体所有制,所谓公有制主导应该是指在国有经济领导下的多种所有制并存的经济形态,这种国有经济领导也并非指的是国有经济占有多数成分,它只是起主导的作用,这是一种——即各类不同所有制的企业共存于一种经济体中,可称为混合所有制经济,其企业是单一所有制形式的。另一种多种所有制共存所指的是混合所有制企业，即该企业内部也是由多种所有制混合而成的。

中国目前经济体制改革已基本实现了第一层次的混合所有制改革，它使民营和私人企业大规模地进入到国有经济难以发挥最优效率的竞争性经济领域，大大促进了社会经济的增长。但它没有解决竞争性经济领域中的纯粹国有制企业最佳效率发挥的问题。此外，中国还需要实行第二层次的混合所有制改革，使一个企业内部形成多种所有制的融合，以通过发挥不同所有制的优势使得企业的效率获得最佳。在基本完成混合所有制第一层次的改革以后，实现第二层次的改革难度更大，我们的改革进入了深水区。

改革的最终目的就是解放生产力。我们进行第二层次的混合所有制改革就是为了更充分的发挥民营企业高效率的运行机制，带动和促进国有企业转变低效的运营机制，从而提高全社会的劳动生产力，这就是实现中国社会主义市场经济体制的特征标记。全部改革都应当围绕着这个核心问题进行设计和实施。要完成这样的改革，首先要深刻领会党中央和国务院关于深化改革的指导性文件精神，把握好以下的改革大方向：

(1)不断解放思想，推进理论创新

改革开放以来，我们党坚持解放思想，实事求是，与时俱进，将实践作为检验真理的唯一标准，不断推进理论创新、思想创新和体制创新，创造性地提出了社会主义市场经济理论及其政策体系。党的十八届三中全会，进一步明确了市场在资源配置中的决定性作用，并做出了全面深化改革的决定，把改革的理论推进到新的广度和深度。我们要按照这一理论创新体系付诸实践，在实践中进一步推进理论创新，发展理论，以进一步指导改革实践。

(2)坚持市场化的改革方向不动摇

正是因为坚持市场化的改革方向，国家的创新创业的活力无限焕发，中国改革开放40年，中国的经济体量以几何级数增加，尤其是民营企业，从无到有，为国家贡献了国民生产总值(GDP)的一半以上。在创新方面，民营企业的专利申请量近乎国有和集体企业的一倍，这都是市场经济发展的成果。近三十年的改革实践证明，凡是改革的市场化方向坚持得比较好，改革比较彻底的地方，那里的经济发展就比较快，比较好。反之比较慢，比较差。因此，我们在进行第二层次（即企业层面）的混合所有制改革方面，一定要坚持市场化改革方向不动摇，国有经济成分在改革中必须要与民营经济成分共同平等管理企业，共享改革发展成果。只有这样，才能真正地吸引民营经济成分参与到第二层面的混合所有制改革中来。

(3)灵活运用改革方法，既先行先试、先易后难，又统筹兼顾、协调推进

我国改革的典型特征是采取了先行试点、总结推广的方式。立足于把解决本地实际问题与攻克面上共性难题有机结合起来，选择一定地区或改革领域开展试点，在对试点进行总结的基础上，对成功经验和做法再行推广。这种由点而面、先易后难的改革推进方式，既控制了风险，又通过有效的推广机制使成功经验能够迅速普及，成为我国渐进式改革战略的重要经验，也是新时期推进改革开放、探索新的发展模式和体制模式的重要途径。

(4)正确处理改革、发展、稳定的关系

改革是经济社会发展的强大动力，有效的体制是实现经济社会又快又好发展的根本保证，从长远来看，也是确保社会稳定的根本保障。同时，发展和稳定也提供了深化改革的良好环境和基本条件。要正确处理好改革与发展、稳定的关系，适时有序地推进改革开放，把改革的力度、发展的速度和社会的承受能力有机结合起来，在保持稳定的前提下推进改革和发展，通过改革和发展促进社会稳定。

2. 形成与市场配置资源相适应的经济体制

党的十五大提出要使市场在国家宏观调控下对资源配置起基础性作用；十六大进一步提出要在更大程度上发挥市场在资源配置中的基础性作用；十七大则更具体地指出要从制度上更好发挥市场在资源配置中的基础性作用；十八大则从深度和广度两个维度上提出要更大程度更广泛

发挥市场在资源配置中的基础性作用；十八届三中全会更是从基础性作用提升到决定性作用，提出要使市场在配置资源中起决定性作用。这在中国的改革开放和市场经济发展历史中，具有里程碑式的意义，体现了以习近平同志为核心的党中央，对市场作用的认识在不断提高，这是我党对中国特色社会主义建设规律认知的一个重大突破，也越来越清晰地提出了建设中国特色社会主义市场经济的理论体系和发展目标，其核心内容就是由市场来决定经济资源的配置，以此为标准改革与此不相适应的经济体制。

3. 实现与供给侧结构性改革目标相一致的管理体制

十八大以来，全球经济并未从衰退中走出，贸易保护主义抬头，世界经济格局面临新的洗牌。与此同时，国内土地、劳动力等要素价格越来越高，资源、环境的约束越来越紧，我国经济面临着保持稳定增速和调整结构的两难困境。在这种经济新常态背景下，中央及时做出了供给侧结构性改革的决定和布局，从某种意义上说，供给侧结构性改革本质上主要是针对国有企业布局调整的改革。比如，去产能主要是要求国有企业缩短战线，去杠杆主要是降低国有企业的负债率，补短板也是要求国有企业的发展要服从国家大局，发展公益性、战略性产业等等。供给侧结构性改革的核心是“三去一降一补”。2017 年，中央企业共化解钢铁过剩产能 595 万吨、化解煤炭过剩产能 2 703 万吨，主动淘汰、停建、缓建煤电项目 51 个，煤炭资产管理平台公司整合煤炭产能 1 亿吨。一企一策“处僵治困”，减亏增盈效果明显；已累计完成超过 1 200 多户“处僵治困”任务，其中约有 400 户实现市场出清。扎实推进重组整合；国资委监管的中央企业户数调整至 98 家，近年来累计减少法人户数 8 390 户，减少比例达 16.1%，仅管理费用一项就节约 135 亿元。多措并举降杠杆减负债；2017 年末中央企业平均资产负债率 66.3%，同比下降 0.4 个百分点，62 家企业资产负债率比上年下降，40 家企业资产负债率降幅超过 1 个百分点。

进一步处理好政府和市场的关系是经济体制改革的核心问题，也是结构之变的关键。2017 年全年中央企业累计上缴税金 2.2 万亿元，同比增长 5.5%，增速比上年同期加快 2.5 个百分点，其中 41 家中央企业上缴税金增速超过 10%。中央电信企业坚决执行“提速降费”，石油石化企业和电力企业认真执行有关产品价格下调政策，有效降低全社会运行成本约 2 000 亿元。通过结对帮扶、对口支援和建立产业基金等方式，投入各类扶贫资金近 200 亿元。在市场体系建设中建立公平竞争审查制度，“简政放权、放管结合、优化服务”的改革得到了有效落实，极大地提升了市场经济的活力。

然而，供给侧结构性改革是一项长期的任务，近几年的改革成绩主要是来自对多年来累积的结构产生严重扭曲的上游产业进行改革的结果。随着社会需求的不断变化，对供给侧结构的要求也在不断地发生变化。这就需要建立起一套适应供给侧结构性改革目标的管理体制，而不是那种临时起意的管理措施。这种管理体制涉及国家整体经济结构的调整，必须要符合中央的统一领导和管理，设立统一的管理协调机构，反对不同的经济部门各自为政，干扰经济整体的统一稳定，提升经济结构的有效性。

4. 构建以实现绿色发展环境为目标的生态文明体制

十八届三中全会《决定》中，全面、清晰地阐述了生态文明制度体系的构成及其改革方向、重点任务；十八届四中全会，要求用严格的法律制度保护生态环境；五中全会将绿色发展纳入新发展理念。2015 年 9 月 22 日，被誉为生态文明体制改革“四梁八柱”的关键性文件《生态文明体制改革总体方案》出台，为转变发展观念、打破“唯 GDP 论”提供有力支持。《生态文明建设目标评价考核办法》公布，生态责任成为政绩考核的必考题。2018 年 1 月 17 日国务院国有资产监督管理委员会总会计师沈莹介绍 2017 年中央企业经济运行情况时表示，2017 年全年带头推进节能减排，万元产值综合能耗降幅要超过国家“十三五”项目进度要求。

在这样的标准下进行混合所有制改革具有很大的难度。建设绿色生态文明是一项需要长期投入但效果显现缓慢的改革措施，而民营企业更多地为了追求经济利益而参与进来。因此，如何让民营企业在绿色发展中参与混合所有制改革是一项艰难的改革历程。

(三)混合所有制改革是未来一段时期改革的大趋势

1. 混合所有制改革是实现中国特色经济体制目标的核心任务

(1)混合所有制改革的意义

①混合所有制经济是基本经济制度的重要实现形式。发展社会主义市场经济,一方面必须坚持公有制为主体、多种所有制经济共同发展的基本经济制度;另一方面必须坚持市场化改革方向,发挥市场在资源配置中的决定性作用。将这两方面有机结合,必须坚持和完善基本经济制度,探索基本经济制度的多种有效实现形式,使公有制与市场经济更好地结合起来。实践证明,混合所有制经济是基本经济制度的重要实现形式。

②混合所有制经济是增强国有经济活力、控制力、影响力的有效途径。改革开放以来,我国所有制结构逐步调整,公有制经济和非公有制经济在推动发展、促进就业等方面的贡献比重不断变化,特别是非国有经济的规模持续扩大、比重持续提高。在这种形势下,要坚持公有制主体地位,增强国有经济活力、控制力、影响力,就必须发展好混合所有制经济。

③混合所有制经济有利于国有资本放大功能、保值增值、提高竞争力。面对国有资本规模相对变小、比重相对下降的新形势,如何坚持公有制的主体地位、发挥国有经济的主导作用,是坚持和完善基本经济制度必须回答和解决的一个重大理论和实践问题。国有资本通过与社会资本特别是民营资本融合,既可以调动和组织更多的社会资本、放大国有资本的功能,又可以促进国有企业治理的完善和体制机制的转换,增强竞争能力。

④混合所有制经济有利于各种所有制资本取长补短、相互促进、共同发展。资本的产权属性不同,在市场经济中发挥的功能也不同。一般而言,国有资本在体现国家意图、实现公共目标等方面更具优势,民营资本在适应市场竞争、激发企业活力等方面更具优势。混合所有制经济兼有国有资本与民营资本的特点,通过国有资本与民营资本的交叉持股、相互融合,可以实现国有资本与民营资本优势互补,能够更好地适应现代市场

经济的发展要求。

(2)混合所有制改革的进程

党的十八届三中全会《决定》在论述"积极发展混合所有制经济"时指出,"国有资本、集体资本、非公有资本等交叉持股、相互融合的混合所有制经济,是基本经济制度的重要实现形式,有利于国有资本放大功能、保值增值、提高竞争力,有利于各种所有制资本取长补短、相互促进、共同发展"。

2014年5月,国务院批转国家发改委《关于2014年深化经济体制改革重点任务的意见》中,将国有企业按功能性质区分为提供公益性产品或服务、自然垄断环节、一般竞争性行业等类型,完善国有企业分类考核办法,推动国有经济战略性调整,增强国有经济的市场活力和国际竞争力;以管资本为主加强国有资产监管,推进国有资本投资运营公司试点;遵循市场经济规律和技术经济规律,有序推进电信、电力、石油、天然气等行业改革;推进国有企业股权多元化改革,建立政府和社会资本合作机制,除少数涉及国家安全的企业和投资运营公司可采用国有独资形式外,其他行业和领域国有资本以控股或参股形式参与经营。

2015年9月24日,国务院发布《关于国有企业发展混合所有制经济的意见》作为《中共中央国务院关于深化国有企业改革的指导意见》的配套文件,从"分类"和"分层"这两个维度出发,对不同领域国企的混改空间给出具体设定,成为混改稳妥推进的主导性逻辑,明确了国有企业发展混合所有制经济五个方面的工作任务:一是按照国有企业功能界定和分类,分类推进国有企业混合所有制改革;二是从集团公司和子公司、中央企业和地方企业不同层面,分层推进国有企业混合所有制改革;三是鼓励各类资本参与国有企业混合所有制改革;四是建立健全混合所有制企业治理机制;五是建立依法合规的操作规则。《意见》指出主业处于充分竞争行业和领域的商业类国有企业应充分运用整体上市等方式,积极引入其他国有资本或各类非国有资本实现股权多元化;主业处于关系国家安全、国民经济命脉的重要行业和关键领域,主要承担重大专项任务的商业类国有企业，要保持国有资本控股地位，支持非国有资本参股，并且结合电力、石油、天然气、铁路、民航、电信、军工等领域改革，放开竞争性业务，推进混合所有制改革试点示范，公益类国有企业，加强分类指导，推进具备条件的企业实现投资主体多元化，鼓励非国有企业参与经营。

2016 年 9 月国家发展和改革委员会组织召开国有企业混合所有制改革工作的专题会议，央企混改“6＋1”试点方案出台，混改进入落地阶段。

2016 年 12 月以后，中国联通、中国电信、中国石油、中国船舶、中国铁路总公司、中国兵器工业集团和浙江省国资委相继制定或发布混改方案，混改进入实质性推进阶段。

2017 年 10 月 27 日，国务院国资委对央企、国企和国有资产管理提出三方面的要求：一要大力推动中央企业持续健康发展，努力培育具有全球竞争力的世界一流企业。深化供给侧结构性改革，把提高供给体系质量作为主攻方向，落实好“三去一降一补”任务，坚决打赢瘦身健体提质增效攻坚战。全力实施创新驱动发展战略，加快国际化经营步伐。二要全面深化国有企业改革，持续增强企业内生活力和发展动力。加快完善市场化治理机制和运行机制，发展混合所有制经济，积极探索国有资本投资、运营公司有效运营模式，加快国有经济布局优化、结构调整、战略性重组。三要切实加强国有资产监管，守护好全体人民的共同财富。切实强化国有资产监督，确保国有资产保值增值责任层层落实。

2017 年 12 月 18 日至 20 日，中央经济工作会议在北京举行，会议强调要激发各类市场主体活力，推动国有资本做大做强做优，完善国企国资改革方案，围绕管资本为主加快转变国有资产监管机构职能，改革国有资本授权经营体制。加强国有企业党的领导和党的建设，推动国有企业完善现代企业制度，健全公司法人治理结构。要支持民营企业发展，落实保护产权政策，依法甄别纠正社会反映强烈的产权纠纷案件。全面实施并不断完善市场准入负面清单制度，破除歧视性限制和各种隐性障碍，加快构建清新型政商关系。

2017年12月22日至23日，全国发展和改革工作会议在京召开。会议指出要以完善产权制度和要素市场化配置为重点，深化经济体制改革，持续扩大“放管服”改革综合成效，联动推进国有企业混合所有制、完善产权保护制度、激发企业家精神三项改革，加快要素市场化配置改革，构建竞争公平有序的市场体系，全面深入推进社会信用体系建设。

(3)央企改革现状

2018年1月17日，国务院国有资产监督管理委员会总会计师沈莹介绍2017年中央企业经济运行情况，并答记者问。沈莹表示，国有企业改革全面深化，企业党建有力加强，国资监管效能持续提高，布局结构明显优化，运行质量稳步改善，全年经济效益明显高于预期。

①营业收入全年保持平稳快速增长。2017年中央企业全年实现营业收入26.4万亿元，同比增长13.3%，全年各季度均保持两位数增长，增长基础更加巩固。98家中央企业中，收入增幅超过10%的有46家，超过20%的有19家。工业企业表现突出，营业收入同比增长15.7%，工业企业的增收额占中央企业贡献达75%。

②经济效益创历史新高。中央企业坚持聚焦主业、深耕主业，深化瘦身健体、着力提质增效，发展质量和水平明显提高。2017年中央企业实现利润14 230.8亿元，首次突破1.4万亿元，较上年增加1 874亿元，同比增长15.2%，经济效益的增量和增速均为五年来最高水平。98家中央企业中，49家企业效益增幅超过10%，26家企业效益增幅超过20%，利润总额过百亿的中央企业达到41家。石油石化、钢铁、煤炭等传统行业打了“翻身仗”，为整体效益增长奠定了基础；先进制造业、现代服务业等行业效益稳步增长，对中央企业整体效益贡献超过40%；10家国有资本投资运营试点企业加快培育战略性新兴产业，提高国有资本配置效率，全年效益同比增长31%。

③重点行业稳产稳销。中央企业煤电油运产销量稳步增长，为国民经济平稳运行和保障民生提供了有力支撑。2017年原煤产量同比增长8%，商品煤销量同比增长12%；电力企业发电量同比增长8.5%，售电量

同比增长 7.4%；原油产量同比增长 1.1%，成品油销量同比增长 3.1%；钢材产量同比增长 9.8%，销量同比增长 6.4%；航空运输总周转量同比增长 9.2%，水运总周转量同比增长 5.4%。

④运营质量稳步提升，经营实力进一步增强。2017 年，中央企业资产总额达到 54.5 万亿元，净资产总额 18.4 万亿元，资产总额超过千亿元的企业有 65 家。成本费用得到有力管控，持续开展"成本管控、效益否决"专项行动，2017 年中央企业成本费用总额增速低于收入增速 0.4 个百分点，其中三项费用支出同比增长 7.7%，低于同期收入增幅 5.6 个百分点。资产周转效率进一步提高，"两金"压降力度加大，应收账款周转率、存货周转率同比分别提高 0.5 次和 0.2 次，经营活动现金流净流入同比增长 4.8%。

作为第一批混改试点企业，中船集团、哈电集团、中国核建等，已经能够看到不同程度的改革进展。从第一批的 9 家企业到第二批的 10 家企业，混改扩围升级趋势在配售电、电力装备、铁路装备、国防军工等重点领域愈加凸显。从层级来看，混改正在逐步从三级以下子企业，向二级子企业提升，未来不排除继续向集团层面延伸。从数量和规模来看，目前已经开展的两批共 19 家央企混改试点中，企业资产总额达 9 400 多亿元人民币，通过混改将引入各类资本约 3 000 亿元。据悉，第三批混改试点企业共 31 家，其中中央企业子企业是 10 家，地方国有企业 21 家。下一步，混合所有制的试点将由央企向地方国企扩围，混改重心下移已成定势。

(4)混合所有制改革模式

①PPP 模式。PPP(Public-Private-Partnership)模式，是指政府与私人组织之间，为了提供某种公共物品和服务，以特许权协议为基础，彼此之间形成一种伙伴式的合作关系。通过 PPP 模式，民营资本得以进入原来难以进入的基础设施领域。

2017 年 9 月，首条民营资本控股的高铁杭绍台铁路 PPP 项目在杭州签约，这个由复星集团牵头的浙商民营联合体，占有 51%的股权就是例子。

②改制重组、整体上市或核心资产上市。重组是指通过业务、资产以及债务等要素的重新组合，优化业务和资源配置，减轻包袱，提高国企竞争力，比如，天津的国资国企改革方案提出按照产业相近、行业相关、主业相同的原则，通过合并、划转、并购等多种方式，推进国有企业重组；上海提出推动国有控股上市公司、非上市公司开放性市场化重组整合等。

中共中央国务院联合印发的《深化国有企业改革的指导意见》提出："加大集团层面公司制改革力度，积极引入各类投资者实现股权多元化，大力推动国有企业改制上市，创造条件实现集团公司整体上市"。推进上市，实现资产的证券化，倒逼企业按照股权多元化要求来完善法人治理结构，完善体制机制。

推进上市并实现资产证券化的混合所有制改革的例子之一就是上港集团从一个政企合一的部门发展成为上市公司的历程，上市之后，上港集团逐年稳步发展，目前已经成为我国最大的港口股份制企业，拥有全球第二的货物吞吐量和全球第一的集装箱吞吐量。营业收入自 2007 年的 163.28 亿元增长到 2016 年的 315.59 亿元，年均增长 7.52%，集团总资产由 2007 年的 555.43 亿元增长到 2016 年的 1 167.86 亿元，年均增长达到 8.61%。

③引入战略投资者。国企在混改中引入战略投资者，就是看中了其丰富的投资经验及整合经验，希望其在市场、行业、商业模式上给企业提供参考，并且在资金、管理方法、管理人才、资本市场等方面提供资源，协助引入战略投资者的国企实现更大的价值。

上海城投控股股份有限公司便是实现这样的混合所有制改革的例子。在引入弘毅投资后，城投股份从 2013 年营业收入大幅下滑的困境中迅速走出，2014 年至今，公司迅速发展，营业收入和净利润都快速增长。类似还有复星集团 2003 年出资与中国医药集团共同组建国药控股公司、2000 年投资上海豫园和南京钢铁等案例。

从混改方式看，电信领域业务由于涉及国家安全和国民经济命脉，应保持国资绝对控股，引入战略投资者是主要混改方式，2017 年 10 月 11 日，作为央企混改第一股的中国联通发布公告称，公司混改方案涉及的非公开发行 A 股股票的申请获得中国证监会发审委审核通过。混改后，联通集团对中国联通的持股比例从原来的 63.7%降到 36.7%，腾讯、百度、阿里巴巴、京东等一批新引入的战略投资者合计持有公司约 35.19%股份。本次联通混改，一定程度降低了国有股权比例，但在股权多元化的同时，多家国资股权之和依然保持控股。

④引导基金的产权改革。将国有资本作为一个引子，把社会资本引进来，建立股权内的投资基金，通过投资基金，共同选择优质项目，在项目合作中实现股权多元化控股发展。

益民集团和德同资本共同设立的上海德同益民消费产业股权投资基金中心（有限合伙）就是例子，类似还有中石化销售板块大举引入腾讯、人保、中金和工银瑞信等社会资本的例子。

2. 混合所有制改革的走向（以上海为例）

上海是混改基础最好的区域，不仅国资体量全国第一，且市场化经验丰富，以国际、国盛为核心的国资运营和流通平台已经搭建完成，并在 2016 年联合汇添富基金设立了上海国改 ETF，今后将继续坚持深化改革并且尊重市场规律，深入推进央企优化结构、重组整合，实现更好发展，在混改上加大改革力度（见表 3.1）。

表 3.1　　上海混合所有制改革 2018 年走向

三个结合	把混合所有制改革与国资布局调整和开放性市场化重组结合起来
	把推动国资有序流动和盘活用好国资存量结合起来
	把国有企业完善法人治理结构和进一步建立现代企业制度相结合
把好三关	方案酝酿过程当中把握好科学决策关
	方案决策后实施过程当中把好审计评估关
	在操作最后临门一脚的时候把好市场交易关

续表

三条路径	推进国有企业整体上市和核心资产上市。这轮改革先后有 16 家企业实现了整体上市和核心资产上市，2016 年上市的上海银行也是当年最大的一个 IPO
	开放性市场化重组联合，引入社会资本参与改革。2016 年推进上海建科院混合所有制改革，其中两家民营企业参与了这次改革，股权加起来占 15%左右
	实行混合所有制员工持股的试点。之前在上港集团、上汽集团和上海建工试行了员工持股，后来按照国务院国资委的统一部署，选择了 8 家企业分两批试行混合所有制员工持股。希望通过这种方式，把企业核心骨干成员，包括科技人员、经营管理人员的利益与企业利益联系在一起，让他们分享企业改革的成果
四大投向	上海 GDP 的构成大体上分为“四个四分之一”，即央企、上海地方国企、民营企业、外资企业分别贡献四分之一左右。上海国有企业投入每年在不断增加，未来五年，上海地方国有企业每年将计划增量投资 8 000 亿元左右，其中，产业类企业投资将达到 3 000 亿元左右，金融类企业大约在 4 000 亿元。主要投向四大领域：战略性新兴产业、先进制造业、现代服务业以及基础设施建设和民生行业，当然重点是考虑布局在战略性新兴产业

2017 年 4 月 16 日举行的 2017 年上海市国资国企工作会议披露了上海国企的年度成绩单，2016 年，上海地方国有企业实现营业收入 3.1 万亿元、利润总额 3 058 亿元、资产总额 16.8 万亿元，其中，实体经济企业营业收入同比增长 8.7%、利润总额同比增长 12.2%。2016 年，上海地方国有企业实现营业收入、利润总额、资产总额均排名全国省市和计划单列市之首。全市地方国有企业上缴税金近 3 000 亿元，同比增长 15%，占全市地方税总量近 1/3。2016 年上海整体上市或核心资产上市企业已占竞争类产业集团总数 2/3，16 家国有控股上市融资或注入资产 1 077.80 亿元；实体经济企业控(参)股新三板企业累计 37 家；62 家企业新发行各类债券 1.69 万亿元。

在优化国资平台运营机制方面，上海市国资国企系统通过注入价值 300 亿元的国有股权，盘活存量近 50 亿元；在加快产业结构调整方面，制定并实施创新发展、重组整合、清理退出“三个一批”工作方案共 240 个项目，全年新增投资 4 048.4 亿元，同比增长 14.5%，85%投入到战略性新兴产业等领域，稳妥退出清理 134 个不符合上海城市功能定位的项目和污染大、耗能高的企业，实现国资在战略性新兴产业、先进制造业、现代服务业、基础设施与民生保障等 4 大领域的集中度达到 75%；在深化开放性市场化联合重组方面，拓展了产业链、提升了价值链，加强了与中央企业、兄弟省市国企、区属国企合作，并积极参与了"一带一路"倡议和长江经济带国家战略。

上海市国资委对上海国资 2017 年度工作提出了八个任务，排在第一位的就是着力深化国企改革，发展混合所有制经济。将深化公司制股份制改革，坚持以公众公司为发展混合所有制经济的主要实现形式，积极推进 2 至 3 家科研院所深化改革建立多元化投资、市场化经营机制，争取使 2 至 3 家企业集团整体上市或核心业务资产上市。对于功能类、公共服务类企业中的竞争性业务资产，要充分利用现有上市平台引入各类资本，提高资源配置效率和公共服务能力。

在混合所有制改革方面，要稳妥推进 10 家符合条件的混合所有制企业试点员工持股。完成建科院增资扩股，引入战略投资者。以国家油气改革为契机，推进上海市燃气行业企业改革，适时实施混合所有制改革。积极推进上海市供销社系统综合改革工作，完成联合产权交易所事业单位转企业的改制，研究推进科研院所多元化改革。同时持续提高上市公司整体质量，已实现核心业务资产上市且各项指标符合整体上市标准的企业，加快调整管理体制，实现管理重心与资产结构融合。此外，还要放大资本市场正向效应，推动境内外优质资源主动对接资本市场，支持国有股东和上市公司通过证券市场进行股权运作、债券市场直接融资、产权市场盘活存量等方式提高资产收益。上海还将进一步健全完善国资运营平台运作机制和配套制度；继续实施开放性市场化联合重组；完善国企创新机制；对管理人完善激励约束机制等。

3. 混合所有制改革的难点

作为一项重大产权制度改革，发展混合所有制经济涉及一系列深层次矛盾和问题，包括国有资本与民营资本进行混合的积极性问题、民营资本投资能力与巨量国有资本的匹配问题、国有资本与民营资本在经营管理方面的明显差异问题、企业员工持股问题、国有企业员工对可能失去职位的担心问题、国有企业用人制度和分配制度与混合所有制相适应问题、国有资产监管体制与混合所有制经济相适应问题、资本市场如何支持混合所有制经济发展问题、防止国有资产流失问题等。破解发展混合所有制经济面临的难题，需要做大量深入细致的工作，关键是找到发展混合所有制经济的有效途径和方式。

(1)国有资本与民营资本进行混合的积极性、企业员工持股、国有企业用人制度和分配制度与混合所有制不相适应的难点

国企承担很多政府政策目标，不完全以营利为目的，缺乏竞争力。无论是从一些国有企业混合所有制改革的方案设计中看，还是从一些企业推进混合所有制改革的过程中看，有的仅强调约束国企管理人员的行为，却忽视建立对利益相关者的激励机制；不能充分调动经营管理者、核心员工的积极性；难以调动各利益相关方积极参与和推进改革，保证各方获得公平利益分配和话语权；无法做到改革过程中问责机制与免责机制并存；对企业家缺乏充分信任并鼓励企业家大胆创新。

(2)国有资本与民营资本在经营管理方面的明显差异问题

2016 年 9 月 28 日，国家发展改革委副主任刘鹤同志主持召开专题会，研究部署国有企业混合所有制改革试点相关工作。刘鹤同志指出，推进混合所有制改革是深化国企改革的重要突破口。当前，必须加快推进改革，解决国有企业市场主体地位不明确、国有经济布局过宽、效率低下等问题。国企治理结构深受政府影响，行政色彩浓厚，管理层次多，效率低下。一些地方政府设立国有企业混合所有制改革的时间表，提出在什么时间完成多少家国有企业的混合所有制改革的目标，并将此作为国资管理部门的考核指标，层层分解改革目标任务。未认识到国有企业混合所有制改革、发展混合所有制经济是一项长期任务和系统工程，是一个企业的市场化演进的过程，而不是政府的行政目标管理的过程，不能指望“一混就灵”。

(3)国有资产流失、国有资产监管体制与混合所有制经济相适应、资本市场如何支持混合所有制经济发展问题

当前,推进混合所有制改革的最大障碍在于,国有股东会担忧国有资产流失的问题;非国有股东及混合所有制企业的其他利益相关者则担忧自身相关权益受到侵犯。由于混合所有制改革涉及将国有股权出售给非国有方,如果这个过程中存在信息不公开透明、市场交易定价不合理、交易程序不公正等问题,就很容易造成国有资产流失。有人甚至将国有企业混合所有制改革等同于私有化,认为国企混合所有制改革必然出现国有资产流失,宁愿将国有股份在静态中贬损,也不愿通过交易追求股权最优配置,进而实现更大的国有资产保值增值,这种“因噎废食”的错误观念制约着混合所有制改革乃至整个国有企业改革的进程。

在混合所有制企业的运营过程中,国有资本和民营资本的目标并不是完全统一的,民营资本以追求经济利益最大化为目标,但是国有资本在追求经济利益的同时还需要执行国家在其他方面的意图,同时还要防止国有资产的流失,这是混合所有制自身固有的,难以解决的矛盾。

2016 年 9 月 28 日,国家发展改革委副主任刘鹤同志主持召开专题会,国家发展改革委副主任连维良同志要求,在防止国有资产流失的前提下,积极探索实现国有资产保值增值的改革路径。强调要为“改”而“混”、不能为“混”而“混”,混合是手段,深化改革是核心。针对国有资产流失问题,应加强监督机制创新和内控制度建设,健全信息披露制度,发挥社会监督作用,加大惩治腐败力度,将发展混合所有制经济的主要环节和重点领域全部纳入监管范围,保证混合所有制经济规范健康持续发展。

(4)民营资本投资能力与巨量国有资本的匹配、国有企业员工对可能失去职位的担心问题

对于收益权,国有资本和民营资本可以按照股权的比例确定,但是在领导权上,国家可以施加超过其收益权的影响力,领导权与收益权的不匹配成为混合所有制企业的重要问题。领导权问题是混合所有制企业的核心问题,如何进行有效的制度安排是进行混合所有制改革所必须解决的

问题，否则就会让民营资本望而却步，就像万达集团董事长所言："不控股就不参与国有企业改革。"在企业层面，国有资本和民营资本的利益需求应该尽可能达成一致，否则企业内部就会存在巨大矛盾，这样的情况下，企业很难在激烈的市场竞争中取得优势。

要认识到，发展混合所有制经济不是国有企业凭借规模和资金优势"攻城略地"，也不是民营资本对国有资本"单向混合"，更不是国有经济从竞争性领域全部退出，而是要通过积极发展混合所有制经济使国有资本投资运营更好地服务国家战略目标，更多地投向关系国家安全、国民经济命脉的重要行业和关键领域，重点提供公共服务、发展重要前瞻性战略性产业、保护生态环境、支持科技进步、保障国家安全。

三、民营企业面对混合所有制改革的难点和思考

(一)混合所有制改革的深化

1. 混合所有制经济的发展历史

改革开放以来，计划经济体制逐渐被市场经济体制所取代，国有企业也由行政部门的附属物，转变为政企分开的独立市场主体。国有企业的转变过程，是我国混合所有制经济萌芽、探索、发展的演变史。

(1)混合所有制经济的萌芽阶段(1978—1992)

1978 年十一届三中全会拉开了经济体制改革的序幕，面对高度集权的国有企业制度，政府扩权让利，给予企业一定的经营自主权，减少政府对国有企业的干预。1984 年十二届三中全会确立了国企改革两权分立，政企分开的原则，并开始推行国有中小企业股份制改革试点，这是我国混合所有制经济的萌芽。这一阶段位于改革开放初期，改革仅仅停留在企业的剩余控制权和剩余索取权层面，没有触及所有权。

(2)混合所有制经济的探索阶段(1992—2002)

1992 年，邓小平南方谈话肯定了股份制。1993 年，党的十四届三中全会首次指出国有企业改革的方向是建立起产权清晰、权责明确、政企分开、管理科学的现代企业制度。但在实践过程中，此时国有企业改革并没

有将重心放在所有权的改造上，国有企业效率低下的问题依旧没有得到解决。1997 年，党的十五大指出，在国有企业改革中要抓好大型国有企业，放开和激活小型国有企业。1999 年，党的十五届四中全会提出国有大中型企业尤其是优势企业，宜于实行股份制的，可以改为股份制企业，发展混合所有制经济。这一阶段，发展以股份制为代表的混合所有制成为国企改革的明确方向。

(3)混合所有制经济的发展阶段(2002—至今)

2002 年底，十六大明确指出，除极少数必须由国家独资经营的企业外，要积极推行股份制，发展混合所有制经济。2003 年，国家成立国有资产监督管理委员会，国有企业公司制股份制改革进一步加快，布局结构更加优化。2013 年，党的十八届三中全会指出，混合所有制经济是基本经济制度的重要实现形式，允许更多国有经济和其他所有制经济发展成为混合所有制经济。2016 年，中央经济工作会议将混合所有制改革作为国企改革的重要突破口。2016 年 9 月底，联通混改，将有垄断特征的国有企业由公有制绝对控股转向相对控股，实现国有企业由国有产权的独家治理走向国有产权与非国有产权的共同治理，是国企混改形成突破势头的一个标志性的事件。

这一阶段，股份制成为公有制的主要实现形式，也成为国有企业发展混合所有制经济的重要实现形式，公有制和非公有制经济更多地融合，混合所有制企业不断涌现，在国民经济中的作用越来越大，混合所有制经济得到快速发展。

2. 混合所有制深化改革的要求

混合所有制改革要求公有资本和非公有资本优势互补，相互融合。投资主题的多元化只是外在的形式要求，更本质的是要求混合后的企业有更高的运行效率，创造出更多的价值。因此，混合所有制企业应当满足以下要求。

(1)以企业利益最大化为目标

长期以来，由于兼具企业和政府的双重属性，国有企业在追求利润的同时，还承担了稳定物价、促进就业等社会责任，在很大程度上是实现政府政策的工具，并以社会福利最大化为主要目标。而利润最大化是当代企业生产经营的根本动力，不以盈利为唯一目的，就无法调动起员工的积极性。参加混改的国企必须将原有的“政府”属性剥离，政企分开，成为独立的以盈利为目的的市场主体，把股东的利益摆在首要位置，追求盈利能力的提高。

（2）设置合理的股权结构，保护各方出资者的利益

混合所有制改革过程，要设置合理的股权结构，使公有资本和非公有资本相互制衡。如果股权过于集中，会损害小股东的权益，导致大股东和小股东之间的代理冲突。目前来看，改变国有股权一股独大的现状是混合所有制改革的重要内容，应该根据企业的性质、类别及其在国民经济中的地位，合理分配公有资本和非公有资本的比例。在竞争性领域，国有资本没有必要绝对控股，因此可以考虑给予非公有资本较多的股权，让其占据主导地位；在功能性领域，可以在国有资本相对控股的前提下，更多地给予非公有资本股权；而在公益性领域，在国有资本绝对控股的前提下，适当扩大非公有资本的股权比例。

（3）改善公司治理结构，建立完善的现代企业制度

现代企业所有权、监督权、经营权相分离，形成股东、董事、监事和经理人相互制衡、相互协调的治理结构，有效地提高了企业的运行效率。混合所有制企业应当明确股东、董事会、经理层之间的权责利。公有资本和非公有资本作为股东履行出资人义务，不干预公司的具体经营，确保企业的独立性，而董事会则代表股东的利益，拥有包括聘任、解聘高管并制定其薪酬的最高决策权。另外，在混合所有制企业中，应当考虑非公有资本的话语权，根据企业的股权结构，在董事会中给予非公有资本一定席位，让其有参加决策的权利，发挥其才智，同时也有助于打消非公有资本的疑虑，调动其参加混合所有制改革的动力。

（4）建立起职业经理人制度和完善的激励机制

国有企业的经理人员一般不是在市场竞争中选聘产生，而是由行政

任命，他们大多具有国家干部身份，与政府有千丝万缕的联系。混合所有制企业的经理人应当去行政化、去官僚化，在选聘过程中建立起市场化的竞争、更新和淘汰机制，使经理人能够最大化地运用自身的专业素养为企业发展谋福利。同时，要建立起有效的激励机制，将短期薪酬激励与绩效挂钩，给予经理人一定的公司股份，将经理人的利益与企业的长期发展紧密联系起来，同时建立起声誉激励和精神激励，以充分调动经理人的积极性。

混合所有制改革，是为了使公有资本和非公有资本优势互补，具体到企业层面，就要根据国有企业和民营企业固有的特征，在最大程度上克服其各自的劣势，发挥其各自独有的的优势，从而提升混合企业的运营效率和盈利能力，达到“1＋1＞2”的效果。接下来，本文将分析国有企业和民营企业各自的特征。

(二) 国有企业的特征

1. 国有企业的优点

在西方国家，企业的国有化和非国有化经常交替出现，在战争和经济危机时，国有经济扩张较快。而当战争结束，为提高效率，国有经济会大幅度收缩。因此我们可以说，国有化是西方国家解决经济危机的一种有效手段。这说明国有企业具有私营企业没有的优点，这些优点具体表现在以下几个方面。

(1)国有企业特殊的产权制度使其承担风险的能力更强

现代企业一般以自由契约为基础建立起法人制度，自然人和法人根据法律规定自由地组建公司，并按照自己的意愿自由地经营企业。而国有企业不是自由契约的产物，其财产全民所有，资本金来源于政府投资，投资和决策的眼界更开阔，当危机发生时国有企业一般会获得政府的支持。因而，国有企业能够克服私有产权的局限性，风险承担能力更强。数据显示，在 2008 年的金融危机中，虽然所有企业都受到了影响，但是国有企业受到的冲击较小。

(2)国企“公共性”和“企业性”的双重性超越了单纯商业利益目标

和财政、货币、税收等手段相比,国有企业作为一种政策工具具有成本优势,政府可以通过国有企业来实现公共政策目标,比如,提供生产生活必需的基础设施、控制国民经济命脉、保障国家安全、发展高新技术产业、改善收入分配等等,以获得比市场机制或者政府以直接手段干预经济更好的效果。可以说,国有企业虽然不以盈利为唯一的目标,却能为全社会资源实现最优配置创造必要的条件。国有企业这一独特的优点,使其有存在的必要性和必然性,为了保有其公共职能,即使其长期低效率甚至亏损,政府也能够容忍。

(3)国企由政府特许经营,在市场地位、融资渠道上有天然优势

国有企业以国家为背景,受到政府的特别关照,有良好的发展环境和政策土壤,有政府的政策扶持,当企业经营遇到瓶颈,其在向政府反映困难要求获得援助时有更加便利的条件,破产和倒闭也不像民营企业那么简单,这使得国有企业具有更强的稳固性,在市场上有更高的信誉,因而更易于获得较高的市场地位,其经济体量大,规模也大。另外,国有企业通常会有国家专项财政拨款,银行也会给予国有企业更多的利率优惠。调查显示,国有企业比民营企业的贷款利率要低10%到30%,即使是股权融资,国有企业较高的信誉也使其能够以更优的价格吸引更多的投资者。

(4)引领技术创新,带动产业发展

当前我国处于经济转型期,转变经济发展方式,调整产业结构,大力发展高新技术产业是迫切要求。但是高新技术产业投资规模大、周期长、维护成本高,且需求不稳定,前景不明朗,失败的风险比较高,私人资本一般没有意愿也没有能力进入。政府可以通过投资国有企业,聚集资本、人才、技术等优势的生产要素,发展高新技术产业,使国有企业成为生产力的先导,将高新技术拓展到其他的企业,从而带动经济增长。比如,在我国的高铁领域,中国中车在保障安全的前提下不断地追求更快的速度,使我国高铁技术领先世界。

2. 国有企业的缺点

世界上没有十全十美的企业形式，尽管有着上述优点，国有企业也不可避免地存在着诸多缺点。国有企业的缺点，和其优点是紧密相连的，就像是一个硬币的两个方面。

(1)国有企业产权不清，权责利界限模糊，容易造成资源浪费

国有企业是全民所有制，全民所有制又采取国家所有制的形式，国家是国有财产的唯一代表，对国有企业承担无限责任，而国家把财产的经营权交给了国有企业的经营者。但无论是政府还是经营者，都不会对企业经营失误造成的财产损失负责，企业存在产权不清、主体缺位、主体越位的情况，企业所有者的权利、责任和义务不够明确，经营者有铺张浪费国有财产甚至将其据为己有的倾向。另外，全民所有制下，全体人民只是国有财产名义上的所有人，由于个人无法从国有企业的运行中获利，因而个人缺少动机去对企业进行有效的监督，而政府只是代替全民把企业委托给了经营者，政府不会像私营业主一样去有效的监督国有企业的经营，再加上信息不对称等原因，政府难以对国有企业行使充分的监督权。监督权的缺失，加剧了国有企业资源的错配和浪费。

(2)不以盈利为目的，缺乏竞争力

国有企业需要承担社会经济责任，实现一定的政策目标。政府可以通过行政指令直接干预国有企业的经营管理，在作出经济决策时，国有企业的管理者需要考虑政府的行政决策，不能自由的根据成本收益原则采取使利益最大化的最优方案，企业经营背负了过多的行政色彩，缺乏经营自主权，管理者也缺乏发展企业的积极性，这限制了国有企业的市场竞争力，当行业中存在有竞争关系的企业时，国有企业在盈利能力上往往处于劣势。因此，国有企业大多位于准入门槛高的垄断行业。

(3)国企行政色彩浓厚，管理层次多，效率低下

国有企业与政府有着千丝万缕的联系，其管理方式难免受到政府的影响。第一，国有企业的人事任免特别是领导者的人事任免往往是任命制，并且有一定的任期，企业管理者在做决策时往往考虑自己任期内的短

期利益，较少地考虑企业的长远发展，这使得国有企业长期发展目标与领导者短期利益存在矛盾。而管理者频繁地更换，使国有企业的发展策略缺乏连贯性，无法持续发展，这将会造成人财物的流失。第二，国有企业机构冗余，管理层次多，不管是决策形成过程还是决策执行过程都漫长复杂，灵活性差，决策效率低下，决策的效果也受到一定程度的影响。第三，国有企业行政化、官僚化气息浓厚，员工缺乏主人翁意识，缺乏积极性，冗员现象严重，人浮于事，办事效率低下。

表 3.2 对国有企业的特征进行了总结。

表 3.2　　　　国有企业的特征

国有企业的优点	国有企业的缺
具有特殊的产权制度，其财产全民所有，承担风险的能力更强	产权不清，权责利界限模糊，容易造成资源浪费
兼具“公共性”和“企业性”双重性质，肩负社会责任，超越了单纯的商业利益目标	不以盈利为目标，缺乏竞争力
由政府特许经营，在市场地位、融资渠道上有天然的优势，企业规模大、体量大	行政色彩浓厚，管理层次多，效率低下
引领技术创新，带动产业发展	

(三)民营企业的特征

1. 民营企业的优点

改革开放以来，民营企业成为迅速崛起的新生经济力量，它们率先打破了计划经济体制的束缚，获得了迅速的成长。经过三十多年的发展，民营企业已经成为我国国民经济体系中举足轻重、不可或缺的一部分。根据中国企业联合会和中国企业家协会发布的中国企业 500 强以及分析报告显示，2015—2018 年，中国 500 强企业中的民营企业分别从 203 家增长到 205 家、226 家和 237 家。不仅如此，民营企业在盈利和增长上也优于国有企业。本文经过分析总结出民营企业的以下几个优点。

(1)产权相对清晰

与国有企业相比，民营企业的生产资料归私人所有，其产权有较为明确的归属主体，企业权责利关系相对清楚。企业主和民营企业共命运，十分关注企业财产的保值和增值，因而在运营企业时积极主动，监督企业经营者时尽心尽力，发挥其自身最大的主观能动性。

（2）自主经营，以市场为导向，机制灵活，竞争性强

民营企业盈利归企业所有，亏损也由企业一力承担，没有“大锅饭”可以吃。实现企业利润的最大化是民营企业的唯一目标，企业完全以市场为导向，按照市场的需要来配置资源，招聘员工。市场需要什么，就生产什么，市场需要多少，就生产多少。民营企业密切关注供求的变化，价格的涨落，利率和工资的变动等市场信息，并根据这些信息迅速调整自身的生产经营活动，优化各生产要素的配置，力图以最低的成本赚取最大的利润，其盈利能力较强，具有极大的灵活性和极强竞争性。

（3）民营企业受政府干预相对较小

民营企业没有提供公共服务的负担，与政府关系不像国有企业那么密切，能够根据企业自身特点设立内部管理机制，其用人机制灵活，按岗设人，择优录取，打破了平均主义和论资排辈，能够充分发挥人的潜能，调动起员工的积极性，其管理灵活，取得和传递信息的成本小，决策速度较快，效率较高，使企业充满了生机与活力。

（4）民营企业家更勇于创新

民营企业家是民营企业迅速成长的主导力量，对民营企业的发展起着至关重要的作用。特别是民营企业家的创新精神，给民营企业打上了鲜明的文化烙印，是民营企业重要的精神财富。这种创新精神，包括创业阶段不畏艰难困苦的拼搏奋斗精神，企业发展阶段锐意进取，善于发现机遇、抓住机遇，敢于冒险，勇于创新的精神。

2. 民营企业的缺点

然而，民营企业并不是十全十美的，民营企业的缺点如下：

（1）生产经营的盲目性和掠夺性，易出现不法经营，不正当竞争的情况

许多民营企业的计划性不强，缺少长久规划，即使有规划，对规划的

检查、落实和调整也可能不够规范。民营企业以市场为导向，市场需要什么就模仿什么，因而容易出现盲目跟风扩张的情况，浪费了资源，降低了效益。另外民营企业以利润最大化为目标，不会考虑行为的外部性，只要有利可图，他们不会顾及经济行为对生态环境产生的不良影响，甚至会采取不正当的经营手段和竞争方式，假冒伪劣，欺骗消费者，恶性竞争，给社会带来负面影响。

(2)家族式管理不利于企业的长期发展

我国许多民营企业没有建立起现代企业管理制度，实施家族式管理。在这种管理方式下，企业信息、命令的传达成本低，决策速度快，在企业规模小、所处环境比较简单的发展初期，家族式管理是有效的。但是随着企业规模的扩大，家族式管理的弊端逐渐显现。首先，家族式管理以血缘为纽带，企业主的亲属未必有专业的业务技能和领导才能，企业的长期发展将受制于其经验与能力；其次，即使实施了市场化的录用制度，外来的优秀人才较难打入企业内部管理核心，不利于吸引人才；再次，家庭成员之间的私人矛盾容易带到企业内部，导致拉帮结派，公报私怨，内部组织关系不稳定，容易造成企业的分裂，影响企业进一步发展；最后，家族式管理模式下，企业决策往往由一人决定，缺乏来自内外部的制约和监督，影响决策的准确性，当企业发展到一定规模，家族元老容易有独裁倾向，将企业集权化，降低了企业的活力和效率。

(3)民营企业一般规模不大，寿命较短，产品技术含量低，产业结构落后

根据上财500强企业研究报告，2011年－2015年，我国500强企业中，国有企业的规模指数远远大于民营企业的规模指数，国有企业更加具有规模优势。报告还指出，制造业500强中，民营企业数量大于国有企业。服务业500强中，国有企业数量大于民营企业。事实上，除了小部分高新技术产业和新兴产业外，我国的民营企业大多从事传统制造行业，产品层次低，同质化严重，竞争激烈。民营企业受制于财力，无法投入太多资源从事产品和技术的研发工作，科技水平不高，创新能力偏弱。

(4)融资相对困难

与得到政府政策扶持的国有企业不同,民营企业经营规模不大,担保品不足,平均寿命不长,经营风险较高,因而金融机构对民营企业的融资意愿较低。特别是刚刚创立的民营企业,其未来盈利有较大的不确定性,风险高,难以得到银行的资金支持。民营企业融资难、融资成本高,限制了民营企业的长期发展。

表 3.3 综合总结了民营企业的特征。

表 3.3　　民营企业的特征

民营企业的优点	民营企业的缺点
产权相对清晰	生产经营的盲目性和掠夺性严重,易出现不法经营,不正当竞争的情况
自主经营,以市场为导向,机制灵活,竞争性强	家族式管理不利于企业的长期发展
民营企业受政府干预相对较小	民营企业一般规模不大,寿命不长,产品技术含量低,产业结构落后
民营企业家的创新精神	融资相对困难

(四)混合所有制改革的难点

1. 混合所有制改革的现状

近年来,混合所有制改革取得积极进展,中央企业混改速度明显加快,2016 年新增混合所有制改革项目数同比增长 45.6%。中央企业二级子企业混合所有制企业户数占比达到了 22.5%。据统计,十八届三中全会后,中央企业及下属企业共推进混合所有制改革 1995 项。截至 2016 年底,中央企业集团及下属企业混合所有制企业(含参股)占比达到了 68.9%,上市公司的资产、营业收入和利润总额在中央企业“总盘子”中的占比分别达到 61.3%、62.8%和 76.2%。省级国资委出资企业及各级子企业(合并报表范围内)的混合所有制企业占比达到了 47%。截至 2017 年 3 月底,126 家省级国资委监管的一级企业集团层面完成了混合所有制改革。

这一轮的混合所有制改革呈现出以下三个特点：一是速度加快。据统计，截至 2017 年 3 月底，省级国资委监管各级企业中混合所有制企业数量较 2016 年底增长 3%。二是层级提升。中央企业二级子企业混合所有制企业户数占比达到了 22.5%。截至 2017 年 3 月底，126 家省级国资委监管的一级企业集团层面完成了混合所有制改革。三是领域拓展。在石油、天然气、电力、铁路、民航、电信、军工等行业和领域，选择 19 家企业开展重点领域混合所有制改革试点，实现了向社会资本放开竞争性业务的目标。四是机制转变。越来越多的竞争性企业在混改中进一步调整股权比例，促进企业形成了有效制衡的法人治理结构。同时，通过探索实施经理层市场化选聘和身份转换、员工持股等，推动企业形成了灵活高效的市场化经营机制。

2. 混合所有制改革的难点

混合所有制改革不仅仅是简单的资本的合资和业务的合作，主要是国有企业和民营企业的体制的结合。所有制就是对产权、股权、管理权、经营权的重新划分，与此相关的企业内部的制度体系、流程体系、资源配置、人才管理、业务运营等诸多方面都将面临巨大的变化。国有企业改革已经推行了多年多轮，虽然在多个方面都取得了较为显著的成效，但是也逐渐进入了深水区，国有企业的历史遗留及制度体系上难以克服的问题逐步显现，改革面临着诸多难点。

(1)部分企业推进混合所有制改革的目的不纯，统一认识难

中央决定加快推进国有企业混合所有制改革，根本出发点是希望通过改革完善国有企业治理、增强国有企业活力、提升国有企业绩效。但与中央和国有资产监管部门相比，国有企业和民营企业参与混合所有制改革的动机相对复杂。

就国有企业而言，一些国有企业参加混改的确是基于国有企业发展需要，改革目标与中央目标不谋而合；一些国有企业热衷于推进混合所有制改革，可能只是希望借助中央积极推进混合所有制改革的有利时机，打着改革的名义向民营资本甩卖运营包袱以减轻国有企业自身的经营压力

以达成解决企业当前经营困难和粉饰业绩的目的；还有些企业则仅仅是为了落实中央的改革部署任务，“为混而混”。

就民营企业而言，民营资本参与混改有以下几种原因：一是确实基于发展需要，与国有企业优势互补，实现互利双赢；二是借助混合所有制改革，与国企联合进入垄断领域，获取单凭民营资本无法获得的优势资源；三是借助国有企业的政府资源，获得与政府沟通的“绿色通道”，享受政府在土地、税收、投资环境等方面的优惠政策和资金支持；四是投机主义，看到国企资产管理和监管等方面的漏洞，想要在国有资产交易流转中以合法手段掩盖非法目的。

如果参与混合所有制改革的各方目的不纯，认识不统一，只考虑本方利益，那么很容易出现为了短期利益而放弃长远利益的情况，影响混合所有制企业的长远发展。

(2)面临利益最大化和承担社会责任的两难选择

由前文分析可知，国有企业肩负政府和企业的双重性质，要承担一定的社会责任，不以盈利为唯一目标；而民营企业则是理性法人，以利益最大化为唯一目标，那么兼具民营资本和国有资本的混合所有制企业，如何处理利润最大化和承担社会责任之间的关系呢？企业营利是天经地义的，企业只有营利才能够生存和发展。从终极价值来说，所有组织归根结底都是为了生产或者提供某种可为人提供的产品，而与其他组织不同的是，企业是一种在生产或者提供产品的过程中，还可以创造经济利润的组织，正是盈利性使得企业区别于其他组织。也正是逐利性使得民营企业充满生机与活力。如果不能够获得足够的利润，民营资本将不会有意愿和动力参与到混合所有制改革之中。而国有企业是一种特殊性质的企业组织，他必须生产或者提供某种社会所需要的特殊产品，承担一般企业不愿意、不能够或者不适合承担的社会责任和社会目标。如果不承担社会责任、不实现社会目标，国有企业将和一般的企业有完全相同的行为特征，也就失去了存在的必要。因此，混合所有制企业面临着完成社会目标和实现企业利益最大化的两难选择。

(3)控制权归属问题难以解决,民营企业权益难以保障

控股权是混合所有制的核心问题。实施改革之后,由谁来掌控公司的实际控制权呢?公司由谁说了算?目前我国国有企业资产规模庞大,一股独大的现象较为普遍,而如果没有话语权和管理权,混改很难吸引民企加入。万达集团董事长王健林曾经公开向媒体表示,“如果要混合,一定是私营企业控股,至少也要相对控股。国企控股,不等于民企拿钱帮国企吗?”这也是许多民营企业家的心声,他们希望能参与混改后企业的经营管理,提高自身在企业中的地位,享有话语权,最大限度的利用自身影响力,提高公司经营效率,提高决策的合理性,从而赚取更多利益。

因此,如何分配混合所有制企业的控制权,是混改过程中的一大难点,这个问题得不到解决,很可能会导致民营股东与国有资本争夺股权的情况,这将不可避免地消耗公司的人力、物力和财力,不利于公司的发展。同时,民营企业体量小,往往难以与国有资本抗衡,在控制权争夺过程中往往处于下风,没有掌握控制权,也就意味着民营企业很难保障自身利益。

以鄂武商为例,2004 年年初,浙江银泰百货有限公司作为战略投资者被引进武汉。2005 年初,银泰百货投资鄂武商,购买该公司 4.6%的股份,成为第二大股东。2006 年开始,介于以下三方面的原因,银泰百货及其一致行动人与鄂武商原第一大股东武汉国资委及其一致行动人展开了长达数年的股权争夺战:第一,股权性质不同,引起战略认知冲突。鄂武商第一大股东武汉国资委是国有资本,它的主要职责是优化资源在鄂武商,武汉中百,武汉中商这三家上市公司中的分配,取得区域性的商业规模优势,助力“武汉城市圈”在中部崛起,而银泰系作为民营资本,它希望通过自营式发展和投资式发展,“巩固其在浙江的领导地位,复制区域领先优势,面向全国连锁扩张”。两大股东代表的利益主体不同,追求的战略目标不同,因而争夺控制权。第二,发展理念不同,银泰系更注重主营业务的发展,立足于做专做精;而武汉国资委则更愿意采取多元化经营的方式来扩大规模,提高收益。第三,争夺控制权私有收益。控股股东更容

易获得控制权私有收益，获得公司现金流的支配权。鄂武商公司资产雄厚，现金流储备充足，历年来却很少分红，如果能获得鄂武商公司的控制权，就可以获得鄂武商现金流的使用权，从而实现银泰系自身的利益。

股权争夺过程见表 3.4。

表 3.4　　　　鄂武商股权争夺过程

时间	事件	武汉国资委及一致行动人	银泰百货以及一致行动人
2004 年	浙江银泰作为战略投资者被引入武汉		
2005 年	银泰投资鄂武商成为其第二大股东	29.75%	4.6%
2005 年 4 月	浙江银泰与武汉国有资产经营公司合作成立武汉银泰商业发展有限公司	29.75%	4.6%
2006 年 3 月	股权分置改革	17.23%	14.72%
2006 年 4 月	银泰收购鄂武商股票，并宣称收购目的是获得控制权	17.23%	18.11%
2006 年 8 月	银泰系提议召开临时股东大会，提出希望进驻鄂武商董事会的议案，并抛出“武广提租案”		
2007 年 3 月	武汉国资与武汉经济发展投资集团有限公司共同发起设立武汉商联集团股份有限公司，整合后武汉商联取代武汉国资委成为鄂武商第一大股东	22.68%	22.62%
2011 年 4 月	银泰系三次增持	22.68%	24.48%
2011 年 5 月	武商联签署一致行动人协议	24.67%	24.48%
2011 年 6—7 月	双方诉讼		
2011 年 6 月	武商联及其一致行动人以证券交易所的集中交易和大宗交易方式增持股份	29.67%	24.48%
2011 年 7 月	武商联及其一致行动人通过二级市场增持股份	29.99%	24.48%

数据来源：鄂武商年度报告。

除了进行股权争夺，银泰百货也不断谋求董事会席位。2007 年，银泰百货和武汉国资委的持股比例基本相当，然而在鄂武商 11 个董事席位中，银泰百货只占一个席位，直到 2011 年，银泰百货争取到了 3 个董事席位，并获权推举了 2 名独立董事，在董事会中占据 5 个席位，而武汉国资委占据 6 个董事席位，依然处于强势地位。

2011 年 7 月，当第一大股东持股比例达到 29.99%时，银泰百货停止了与第一大股东的股权争夺，没有继续增持股票，武汉国资委及其一致行动人守住了其第一大股东的位置，牢牢掌控着鄂武商的控制权和话语权。

没有获得控制权的银泰百货丧失了在公司的话语权，很难实现自己的利益诉求。2012 年，鄂武商从上市以来，除了 2000 年每 10 股派息 0.4 元(含税)和 2009 年每 10 股派 2 元(含税)外，在几乎没有分红的情况下，银泰系在股东大会上提议进行现金分红，遭到控股股东的反对；2014 年年初，银泰系反对公司 2013 年不分红的决策并提出 2013 年的分红议案，然而没有被通过，控股股东再次获得决定权；2013 年，武商联想经营电商，实施多元化投资，而银泰系根据电商的深度研究，认为传统零售行业很难做好电商，但其反对意见并没有被接受。

虽然鄂武商是一家运营良好业绩优秀的公司，前两大股东之间的控制权争夺依旧带来了消极的影响。在控制权争夺期间，鄂武商的净资产收益率的财务指标增速放缓，甚至出现了负增长。控制权的争夺也削弱了鄂武商在零售行业的市场份额，降低了公司的竞争力。

鄂武商案例说明，国有资本和民营资本性质不同，利益诉求也不同，如何在混合所有制企业分配股权和控制权，权衡各方利益，保障各方话语权，使双方诉求得到最大化的满足，是混合所有制改革亟待解决的问题。

(4)员工持股实施难

十八届三中全会《决定》明确指出，要“允许混合所有制经济实行企业员工持股，形成资本所有者和劳动者利益共同体。”这是“员工持股”首次出现于中央的决定中，对于重新认识社会主义市场经济条件下的劳资关系，具有重要意义。然而，员工持股是一把“双刃剑”，既可充分调动职工的积极性，“形成资本所有者和劳动者利益共同体”，也可能导致国有资产流失等问题。始于20世纪90年代大规模员工持股的股份制企业改造带来的后遗症至今都没有完全消除。在混合制改革员工持股中，存在着五个难点。

难点之一是哪些企业可以员工持股。全会后，企业对员工持股积极性比较高，但是，按照目前的政策，参考以往的经验，在竞争性的商业类混合所有制企业实施员工持股较为稳妥，那么国有独资企业、公益性企业、具有行政垄断业务或者国家特许经营资质或者特定功能性企业，是否可以进行员工持股呢？难点之二是谁能持股。也就是企业内部员工持股的范围是部分还是全体员工持股，只规定少数管理层或骨干持股容易引发普通员工不满，全员持股又容易成为一种企业内部福利，丧失了股权激励的本来意义。难点之三是员工持股比例。股权过于集中于管理层容易导致企业职工在经营管理中缺乏话语权，股权过于分散则容易导致决策和执行效率下降。难点之四是怎么持股。持股方式可以采取直接持股也可以采取间接持股，比如设置平台公司等。员工持股应以评估值作为基本定价依据，出资方式主要以合法现金出资，也可在企业超额利润中提取奖励基金，或者在管理层年薪中留存一定比例，量化成股权。持股既可持有实际股权，也可只享有分红权。总之，以何种持股形式，才能真正让员工与企业形成利益共同体，增强企业的内生动力，是一个亟待解决的问题。难点之五是怎么退出。以往大多是时点制度，老员工能持股，新员工没法持股，时间稍长后，员工持股激励约束效应逐渐递减，还会产生新的不公，引起内部不平衡等问题。这些难点都需要继续深入研究，不可盲目推进。

(5)国有资产定价难，资产交易市场不完善，存在国有资产流失问题

发展混合所有制经济涉及大量资产的重新组合，因而需要对资产进行重新评估定价。而当前缺乏有效的国有资产定价方式。国有资产评估通常采用现行市价法、重置成本法等，这些方法更适用于单项资产的评估，并不能从整体上为国有资产定价。同时，国有资产评估定价缺乏统一的标准和参照体系，评估环节监管乏力，定价机构良莠不齐，影响国有资

产定价。另外，国有资产规模大，声誉较高，其品牌、市场地位、销售渠道等无形资产价值较高，却缺乏有效的价格评估方法，这使得国有资产更加难以定价。而如果缺乏公开透明有效的定价方式，只是通过协商谈判，也很难判断价格是否合理。混改过程中，如果国有资产定价偏高，会造成有价无市的情况，影响民营资本进入的信心和吸引力，而如果低价转让又会造成国有资产损失，甚至被冠上"国有资产流失"的罪名。

以沱牌舍得集团的混改为例，虽然其在2016年7月将70%的股权转让给了天洋控股，开启了混改之路，但其股权转让的历程却极为曲折。沱牌舍得在2003年挂牌转让股权，但因为德隆系事件搁浅；2013年又传出改制消息，但因为种种原因无疾而终；2015年1月，沱牌舍得挂出"38.78%股权转让及增资扩股"公告，挂牌底价12.19亿元，经过两次延期，依旧没有找到合适的意向投资者。沱牌舍得第三次股权转让失败，除去当时酒业整体环境不好，对意向投资者要求极为严苛等因素，还有一个重要原因是市场对企业的资产价值评估存在疑虑，认为其定价过高，"不愿意买账"。而官方则坚称12.19亿元已经是"底线价格，不能再低"。这说明，如何为国有资产定价，使之既能吸引民营资本，又能实现国有资产的保值增值，是混改必须要解决的问题。

当前我国资产交易市场不完善，加剧了国有资产流失的情况。首先，国有资产交易制度不完善，缺乏统一的国有资产交易流转监督制度。当前我国实施的是"国家所有，分级管理"的国有资产监管体制，现代意义上的国有资产监管制度体系尚未形成；其次，国有资产交易评估制度存在疏漏。国有资产进行交易流转时需要对拟交易的国有资产进行评估，而我国国有资产评估交易机制不健全，国有资产价格被低估或者错评的现象时有发生，甚至存在一些评估架构与潜在意向方串联，合谋做低国有资产价值的现象；最后，产权转让环节信息透明度差，国有企业合并分立，开展重大投资，转让重大资产等事项不公开透明，导致国有资产交易流转过程中出现资产评价不实，虚构虚增成本，隐匿转移，私吞国有资产等违法违纪行为。

由于缺乏有效的资产定价方式、完善的资产交易市场和强有力的监督与约束机制，国有资产流失时有发生，有效防止国有资产在混合所有制改革进程中发生流失的机制尚待完善。尤其是当混合所有制企业作为投资主体再对外投资时，产权链条将越拉越长，新形成的产权更不易明确区分其产权的所有制性质，国有资产的有效监管变得更加困难。

(6)公司治理调整难

前文分析可知，民营企业和国有企业各有特征。第一，民营股东和国有股东对于企业的经营、管理、监督侧重点不同。国有企业行政色彩浓厚，管理层次多，通过制度和程序来管理和监督企业，其对于程序、层级十分重视，有时不惜以牺牲效率为代价。而民营企业虽然也重视制度、程序，但是当程序、制度与效率发生冲突时，民营企业将会毫不犹豫地优先考虑效率。由于对企业管理的侧重点不同，混合所有制企业的各方股东可能会产生分歧。第二，国有企业与政府有着千丝万缕的联系，只要国有股份存在，政府就可能会干预企业的经营管理，包括人事任免，经营目标，改制等决策，如果政府将权利收在手中不放出来，企业就永远无法按照市场规则运行。因此，混合所有制企业如何处理与政府的关系，也是混改的一大难点。第三，混合所有制企业中，市场化的用人和薪酬制度有待完善。在国有企业，许多领导人具有行政级别，是党的干部，领导人出于自身仕途考虑，往往注重眼前利益，缺乏对企业长远的思考。在现行国有企业混合所有制改革“1＋N”制度框架下，国企高管无法成为职业经理人，以职业经理人为代表的市场化选人机制尚未真正建立。同时，由于国有企业政企不分，一些领导人既有高管工资，又有高官待遇，薪酬结构不合理；另外，很多混合所有制改革仅仅强调约束管理人员的行为，却忽视了激励机制的建立。

(7)退出机制难以落实

发展混合所有制的最终目的是为了使国有企业和民营企业在资金、技术、经营等方面实现优势互补，互利双赢。然而，并不是所有的混合都能尽如人意，有双赢的混合，也有可能存在“不好的”混合，如果选错了合作伙伴，那么退出机制的设置就很有必要。参与上市公司混改的民企很容易转让股权，但是与未上市公司进行合作的民营企业想要退出，由于退出保护机制的缺乏，转让股权显得较为困难。

当前，政府在鼓励非公资本积极参与混合所有制改革方面出台了一系列文件和支持措施，但在民营资本如何合理、有序退出混合所有制企业方面缺乏必要的考虑。尤其是在混合所有制企业快速发展，企业资产实现较快增值的情况下，由于担忧被扣上国有资产流失的帽子，民营资本的退出显得更加困难。缺乏有效的退出机制，会影响民营企业参与混合所有制改革的积极性。

3. 克服混合所有制难点的对策

针对混合所有制改革的难点，我们在此简要地给出对策。第一要明确和统一混合所有制改革的目标，摒弃混合所有制改革中的偏见。混合所有制改革的目标应是通过企业法人治理结构的完善，建立现代产权制度，进而提高国有企业的经营和运行效率，实现国有资本的保值增值。中央和地方推进国有企业混合所有制改革，需要坚持改革过程中科学设计混改方案、合理审慎选择合作方、严格尽职调查和评估程序、公开谈判和产权交易过程、强化事前和事后评估等事项。既要发挥国资的优势，也要发挥民资的优势，通过两个优势的叠加，使各自的优势在协同创新、深化改革等方面发挥独特的优势。第二要以企业利益最大化为目标。不以盈利为唯一目的，就无法调动起员工的积极性。参加混改的国企必须将原有的“政府”属性剥离，政企分开，成为独立的以盈利为目的的市场主体，把股东的利益摆在首要位置，追求盈利能力的提高。第三要本着契约精神，建立明确的利益共享，风险共担的机制，要充分保障非公有投资的话语权，根据所处行业，适当地给予民营企业一定的控制权。在一般竞争性企业，民营资本可以力求控股，在垄断性行业，民营企业应该适当放低要求，争取相对控股。第四要规范混合所有制企业的员工持股计划，政府可以先在竞争类企业进行员工持股计划试点，制定相关政策和配套措施，引导企业采取多样化个性化的股权激励措施，摸索合适的员工持股比例，使员工利益与企业利益成为命运共同体。第五要建立一套程序公正、交易公平、信息公开、法律严明的机制来防范国有资产流失。如防范操作流程和审批程序、拓宽资本市场化定价渠道、健全国有资产定价机制、充分发挥第三方机构作用、健全定价决策信息公开制度、完善审计纪检及内部员工制度等。第六要建立完善的现代公司治理结构，加快推进混合所有制企业统一的体系建设和职业经理人制度建设，要从资本的属性角度思考现代企业的管理，为混合所有制精神的经营管理人才队伍发展壮大创造良好的环境。第七要建立明确的退出机制，可以通过公开上市、股权转让、管理层收购、股权回购协议、公司清算等方式，让投资者自由的进退。

四、民营企业在混合所有制改革中的选择

（一）民营企业参与混合所有制改革的可用方式（以上海为例）

1. 推进国有企业上市，实现资产证券化

完善现代企业制度是国企改革的重要目标，而推进公司制股份制改革是实现这一目标的主要方法之一。中共中央国务院联合印发的《深化国有企业改革的指导意见》[①]提出："加大集团层面公司制改革力度，积极引入各类投资者实现股权多元化，大力推动国有企业改制上市，创造条件实现集团公司整体上市。"因此推进国有企业上市，实现资产证券化可以作为民营企业参与混合所有制改革的重要方式。在推进上市的过程中，逐步调整国有股权比例，形成多元合理的股权结构，健全公司法人治理结构，充分实现股份制企业中董事会、监事会和经理层的决策、监督和经营管理作用。

推进国有企业上市，实现资产证券化的混合所有制改革的例子之一就是上港集团从一个政企合一的部门发展成为上市公司的历程。上港集团全称上海国际港务（集团）股份有限公司，最初在 2003 年 4 月 4 日经上

---

① 中华人民共和国国务院新闻办公室：《中共中央、国务院关于深化国有企业改革的指导意见》，http://www.scio.gov.cn/32344/32345/33969/34577/xgzc34583/Document/1478256/1478256.html.

海市人民政府批准，由原政企合一的上海港务局改制成立，注册资本为50亿元人民币，系国资授权经营公司。2003年7月，上海市委和政府对上港集团提出了尽快实现投资主体多元化的发展要求，通过实行产权多元化改革，形成更开放的经营理念、更完善的运营机制和更强大的资金实力，建立并完善与国际一流港口相适应、符合国际惯例的企业组织运行模式。经过一年的调研，2004年7月5日上海市国资委拟定了《上海国际港务(集团)有限公司改制重组方案》，并在当年获得了上海市政府的同意。根据《改制重组方案》，共有5个单位参与上港集团的改制重组，作为发起人出资设立股份公司。新设立的股份有限公司注册资本为1 856 898.30万元人民币，其中上海市国资委出资928 449.15万元人民币，占50%股权；招商局国际码头(上海)有限公司出资557 069.49万元人民币，占30.00%股权；上海同盛投资(集团)有限公司出资352 810.68万元人民币，占19.00%股权；上海国有资产经营有限公司出资9 284.49万元人民币，占0.50%股权；上海大盛资产有限公司出资9 284.49万元人民币，占0.50%股权(见图3.1)。[①] 所有出资方中，除了上海市国资委，上海同盛投资(集团)有限公司、上海国有资产经营有限公司和上海大盛资产有限公司都是属于上海市国资委直接或间接控股的公司，招商局国际码头(上海)有限公司则是隶属于招商局国际有限公司的子公司，而招商局国际有限公司是在中国香港上市的私人股份有限公司。因此，本次改制重组实现了民营企业对原国有企业的参股，并且招商局国际在上港集团中的股份达到30%，成为上港集团的第二大股东，能够实现对上港集团的重大影响，上港集团从单一的国有控股公司改制为中外合资股份有限公司。2005年6月27日，上海国际港务(集团)股份有限公司召开创立大会暨第一次股东大会。2005年7月8日，上港集团取得由上海市工商行政管理局换发的企业法人营业执照。

在重组改制完成后，上港集团从2006年开始展开推动整体上市的工

① 《上海市志·国有资产管理分志》。

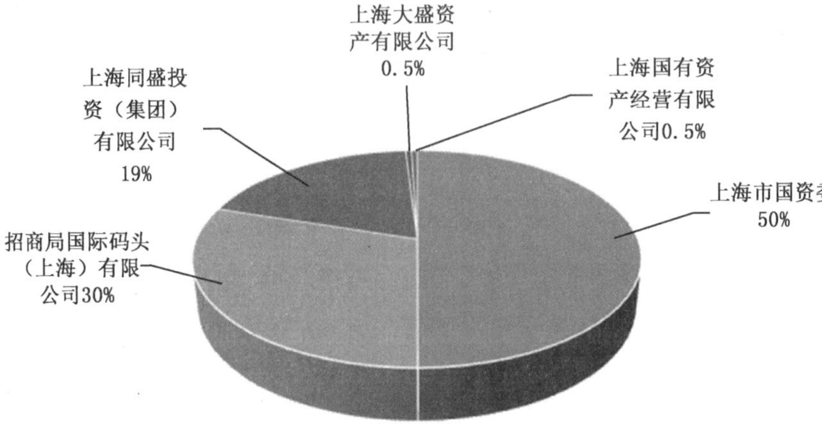

图 3.1　上港集团股东出资比例

作。上市之前，上港集团拥有数百个大大小小的三产公司[①]，有的三产公司还下设子公司、孙公司。2006 年启动上市进程后，上港集团相继关闭了上百家与主业无关的单位，以全球性卓越码头运营商和港口物流服务商为目标，着重发展壮大主业。上港集团的上市工作也获得了国家和上海市政府的大力支持。一般而言，根据证监会的相关规定，公司申请公开发行股票上市需要满足"开业时间在三年以上，最近三年连续盈利"的条件。但是上港集团 2015 年才实现改制，成为股份有限公司，至 2006 年并不满足该项条件，但是因为国家的支持，上港集团拿到证监会的"三年豁免期"，为上市铺平了道路。

上市之后，上港集团逐年稳步发展，目前已经成为我国最大的港口股份制企业，拥有全球第二的货物吞吐量和全球第一的集装箱吞吐量。上港集团的营业收入自 2007 年的 163.28 亿元增长到 2016 年的 315.59 亿元，年均增长 7.52%，集团总资产由 2007 年的 555.43 亿元增长到 2016 年的 1 167.86 亿元，年均增长达到 8.61%。2016 年 8 月，上港务集团在"2016 中国企业 500 强"中排名第 432 位。

---

① 一般指国企下属经营的非本公司主营业务的公司。

2. 引进战略投资者,实现企业转型发展

许多国有企业原来是立足于传统产业领域的,但是随着经济的不断发展,很多原来在国民经济中占有较大比重的传统产业已经逐渐被淘汰或其市场已经不能满足企业继续扩张发展的需求。在这样的情况下,原来在这些产业的国有企业必须寻求转型发展,但是国有企业因为自身固有的体制原因,在瞬息万变的市场上很难抓住有利的发展机会以顺利转型,因此引进战略投资者成为实现转型发展的一种重要方法。上海城投控股股份有限公司,简称城投股份,就是实现这样的混合所有制改革的例子。

城投股份 1992 年 7 月 21 日经上海市建设委员会批准,由上海市自来水公司水源厂和月浦水厂长江引水部分组成并改制为股份制企业,在上海市工商行政管理局注册登记并取得营业执照。1992 年 8 月 5 日,中国人民银行上海市分行批准公司发行 6 624.3 万股无期限人民币股票,发行方式为社会募集;1993 年 5 月 18 日,城投股份股票在上海证券交易所实现上市交易。

城投股份最初属公用事业行业,主要负责向上海市自来水市南、市北、浦东威立雅公司供应原水,公司主要经营范围包括:原水供应、自来水开发、污水治理、输送和给水工程建设及排管施工等。首次公开发行股票所募集资金主要也是用于黄浦江上游引水二期工程和长江引水二期工程的建设。但是随着经济的发展和产业的升级,公司以原水供应、自来水开发等水务收入为主营业务的模式显然不能满足公司扩张发展的需求。自 2006 年起城投股份就开始寻求转变,其原来的主营业务水务收入和排管工程在营业收入中的比重从 2006 年年报中的 84.76%和 14.27%逐年下降,至 2013 年时,公司已经完全摒弃这两项业务(见图 3.2)。[①]

在逐渐舍弃原来主营业务的同时,城投股份主要发展房地产业务、环境业务和股权投资业务。在公司转型的过程中,一个重要步骤是通过引

---

① 城投股份 2006 和 2013 年报。

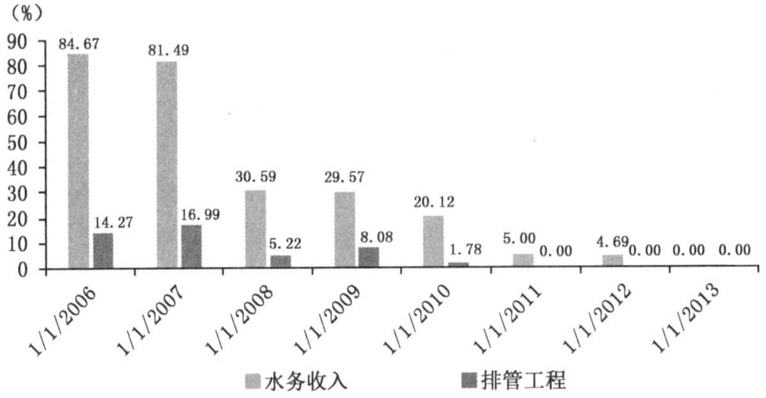

图 3.2 城投股份水务收入和排管工程占营业收入比例

入民营资本为其环境业务、地产业务寻找到战略投资者。2009 年,城投控股以 9.7 亿元将其全资子公司上海环境集团有限公司 40%的股份出售给美国废物管理公司(Waste Management, Inc.)的全资子公司 Wheelabrator China Holdings, Ltd.。上海环境集团有限公司面向全国,采用 BOT 市场化运作方式,在全国诸多城市投资建设和运营生活垃圾焚烧厂和卫生填埋场,目前是国内环境产业资产规模最大的专业公司之一。[①] 2014 年 2 月 26 日,城投股份发布公告称,为引进战略投资者,其控股股东上海市城市建设投资开发总公司完成转让所持有的城投控股 10%股权过户。弘毅股权投资基金中心(有限合伙)取得这 10%的股份,成为城投股份第二大股东(见图 3.3)。弘毅投资为城投控股带来了国企改制、公司治理以及资本运作经验,有效地提升了市场化能力及竞争力。在引入弘毅投资后,城投股份从 2013 年营业收入大幅下滑的困境中迅速走出,2014 年至今,公司迅速发展,营业收入和净利润都快速增长(见图 3.4)。

类似城投股份这样引进战略投资者,实现国有企业混合所有制改革的还有复星集团 2003 年出资与中国医药集团共同组建国药控股公司、

---

① http://com2933.ebseek.com/.

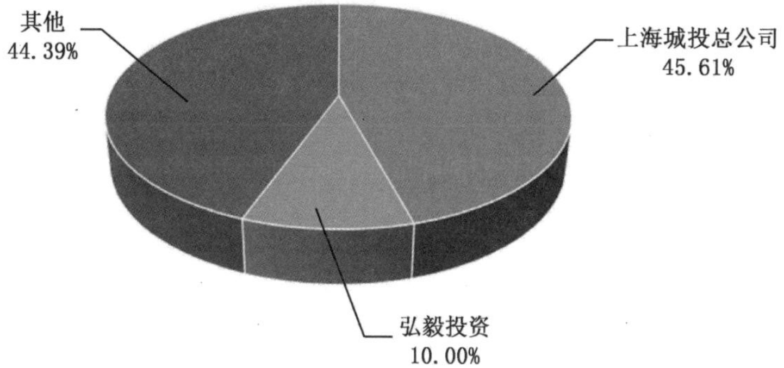

图 3.3　2014 年 2 月 26 日弘毅投资取得城投股份 10%股权

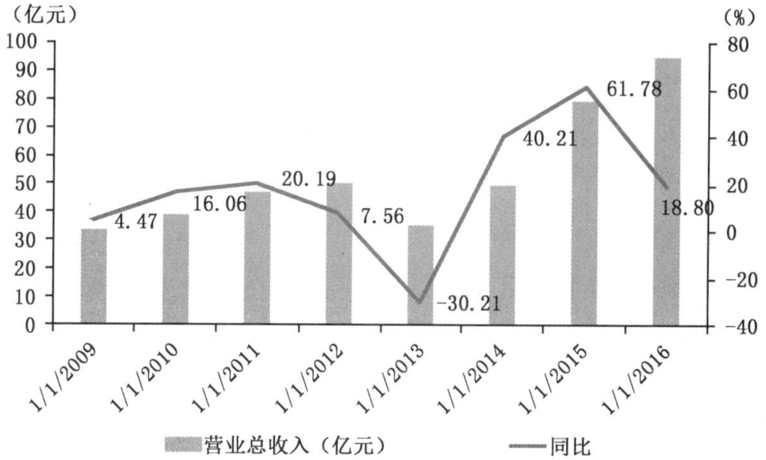

图 3.4　城投股份营业收入 2014 年来快速增长

2000 年投资上海豫园和南京钢铁等案例。

3. 建立产业投资基金，实现多元化控股发展

企业在发展过程中可以通过投资控股、并购整合等方式在市场上吸收有利于自己发展的优质资源，但是投资并购往往需要较高的资本运作水平，而传统的国有企业并没有这样的专业能力；与此同时国有企业通常规模较大，拥有较多的资金，因此国有企业出资与民营资本联手建立产业投资基金(PE)成为借助金融杠杆促产业升级和并购整合的有效手段，实

现多元化控股发展。

益民集团和德同资本共同设立的上海德同益民消费产业股权投资基金中心(有限合伙)就是这样的一个例子。益民集团系1993年9月经上海市人民政府财贸办批准，由卢湾区国营大中型商业企业——百货总公司改制为上海益民百货股份有限公司，公司股票于1994年2月4日在上海证券交易所挂牌交易，2010年11月，更名为上海益民商业集团股份有限公司。益民集团的主营业务在最初为传统百货零售经营，后来逐渐调整发展为专业特色连锁商业、房地产业、酒店业等重点突出、优势明显、相互促进的多种经营。2013年10月28日，益民集团公告，为加快推动产业结构调整和转型发展，培育公司在商业消费领域的新经济增长点，拟携手德同资本共同发起设立“德益消费升级产业基金”。2014年6月6日，上海德同益民消费产业股权投资基金中心(有限合伙)正式成立，目标规模为7.5亿元，其中益民集团出资2.36亿元，德同资本出资1 400万元，基金存续期为5年，其中前2年为投资期，后3年为项目回收期。从基金的出资比例来看，益民集团出资占到31.47%，德同资本出资占到1.87%，整个基金主要是由益民集团出资的，而德同资本凭借其专业的股权投资能力，负责整个基金的项目筛选、立项、分析、管理及退出等方面的运营。整个基金专注于投资消费连锁行业、电子商务及其他新兴渠道的消费类企业，整体为益民集团的战略发展服务，为益民集团的多元化控股发展提供坚实的基础。

类似于益民集团和德同资本共同设立的德益基金这种国资产业投资基金的混改模式还有很多其他具体的类型，包括国企共同出资模式，政府、企业与金融机构共同出资模式，国企与金融机构共同出资模式等。2013年4月，由广州市国资委牵头，越秀集团、无线电集团、珠实集团等共12家市属国企发起设立“广州国资产业发展股权投资基金”，这是国企共同出资模式的例子；2014年9月，广东国资改革发展基金成立，首期规模50亿元，其中母基金15亿元，基金由恒健控股公司、省属企业、金融机构以及其他社会机构以“母基金＋子基金”的形式设立，这是政府、企业与金融机构共同出资模式；国企与金融机构共同出资模式的例子则有信达国鑫国企混合所有制改革（上海）促进基金；此外，除了产业基金，以国有资本为基础设立的还有基础设施和公共事业类国资基金。这些基金的设立，同时借助国有资本雄厚的实力和民营资本在资本市场上运作的优势，充分利用资源，为国企和民营资本的发展提供有效机制。

4. 实施股权激励，提高企业活力

国有企业存在的一个很大的问题是员工激励体系与员工承担的职责的不对称性。因此，在混合所有制企业中实施骨干员工持股的股权激励计划，让骨干员工成为公司的股东，可以有效地调动员工的积极性，从而提高企业的活力。

光明乳业对其企业高管和骨干实施的股权激励方案是这种混合所有制方案的案例。光明乳业，全称光明乳业股份有限公司，是一家具有悠久历史的乳制品企业，其前身是1911年英国商人在上海成立的上海可的牛奶公司；1996年，上海市牛奶公司与上海实业集团合资成立“上海光明乳业有限公司”；2000年，上海光明乳业完成股份制改制，更名为“上海光明乳业股份有限公司”；2002年，公司股票在上海证券交易所完成上市交易；2003年，更名为“光明乳业股份有限公司”。

2010年9月，光明乳业对94位企业高管和骨干的股权激励方案，正式获得证监会和上海国资委及股东大会批准。光明乳业本次实施的股权激励方案的激励方式是限制性股票，激励对象是公司高管、中层管理人员及子公司高管、经公司董事会认定核心营销、技术和管理骨干等共计105人，激励方案的有效期是自限制性股票首次授予日起5年，其中前2年是限制性股票的禁售期，后3年为解锁期。该计划设了三个解锁日，依次为禁售期满的次日及该日的第一个、第二个周年日，三个解锁期的解锁条件如表3.5所示①。

① 光明乳业A股SH－600597限制性股票激励计划（草案修订稿）摘要（2010－03－23）。

表 3.5　　　　光明乳业 A 股限制性股票激励计划的解锁条件

解锁期	营业总收入	净利润	净资产收益率	扣除非经常性损益的净利润占净利润的比重
第一个	2010 年不低于 94.80 亿；2011 年不低于 113.76 亿元	2010 年不低于 1.90 亿；2011 年不低于 2.28 亿元	不低于 8%	不低于 85%
第二个	2012 年不低于 136.51 亿元	2012 年不低于 2.73 亿元	不低于 8%	不低于 85%
第三个	2013 年不低于 158.42 亿元	2013 年不低于 3.17 亿元	不低于 8%	不低于 85%

受 2007 年美国金融危机的影响，2008 年光明乳业的营业收入出现萎缩，比 2007 年下降 10.33%，净利润出现严重亏损，净损失 3.20 亿元；2009 年，光明乳业经营状况有所恢复，但是相对 2007 年营业收入依然下降 3.20%，净利润下降 36.05%。实施股权激励方案之后，光明乳业一扫前几年的惨淡光景，实现了企业的良性发展。对比 2010 年至 2013 年的股权激励方案解锁条件和公司的实际经营结果，可以发现激励方案中设置的条件全部实现，如表 3.6 所示。①

表 3.6　　　　光明乳业 A 股限制性股票激励计划的实施效果

年度	营业总收入（亿元）		净利润（亿元）		净资产收益率（%）		扣除非经常性损益的净利润占净利润的比重（%）	
	目标	实际	目标	实际	目标	实际	目标	实际
2013	158.42	162.91	3.17	4.75	8.50	9.90	85.00	87.21
2012	136.51	137.75	2.73	3.35	8.50	10.40	85.00	96.18
2011	113.76	117.89	2.28	2.71	8.50	9.90	85.00	86.16
2010	94.80	95.72	1.90	2.28	8.50	8.80	85.00	85.92

股权激励方案有效地调动了公司管理层的积极性，提高了公司的活

① 数据来源：Wind。

力，让原有体制僵硬的、管理落后的国有企业在市场竞争上重新把握主动权，实现良好的经济效益。因此实施股权激励方案，让骨干员工持股的混合所有制改革方式成为一个很好的选择。

5. 推动 PPP 模式，让民营资本参与基础设施建设

基础设施建设领域一直以来是政府和国有企业占据绝对主导地位的领域，传统的交通运输、机场、港口、桥梁、通讯、水利等领域通常需要巨大的资金量，而且因为效益低及这些设施所具有的公益性，其回收周期也很长，这些因素都决定了这些领域并不适合民营资本进入。但是也正是因为国有企业长期占据在这些领域，其内部不能形成市场竞争的机制，导致很多国企存在效率低下、资源浪费的情况，使得这一领域也成为混合所有制改革重点关注的对象。PPP 模式将民营资本引入基础设施建设领域，可以带来出资方的知识技能、管理经验、创新能力等新元素，使得建设项目更具效率。

PPP(Public-Private-Partnership)模式①，是指政府与私人组织之间，为了提供某种公共物品和服务，以特许权协议为基础，彼此之间形成一种伙伴式的合作关系。通过 PPP 模式，民营资本得以进入原来难以进入的基础设施领域，复星集团牵头联合体参与杭绍台铁路的 PPP 项目就是这样的例子之一。

杭绍台铁路从杭州东站出发，途经绍兴北站、东关站、台州中心站等站，全长 269 公里，其中新建 250 公里，线路设计 350 公里/小时，2017 年 10 月底全线动工，预计在 2021 年 10 月左右完工。杭绍台铁路项目合作期限 34 年(含 4 年建设期和 30 年运行期)，合作模式采用 BOOT 的模式，由项目公司负责项目的融资、建设、营运和维护，并拥有相关资产的所有权。合同期满后，项目设施无偿移交给政府方。杭绍台高铁项目投资 449 亿元，其中，由 8 家民营企业组成的民营联合体股份占比为 51.00%，中国铁路总公司占比 15.00%，浙江省政府占比 13.60%，绍兴和台州市

---

① 百度百科：PPP 模式 https://baike.baidu.com/item/ppp%E6%A8%A1%E5%BC%8F/5474529?fr=aladdin.

政府合计占比 20.40%(见图 3.5)。民营联合体中最大的股东是复星商业,占 55.70%,复星集团下属的星景资本占 0.10%,宏润建设占 25.00%,万丰奥特占 15.00%,浙江基投和众合科技分别占 2.00%,平安信托和平安财富占 0.10%(见图 3.6)。[①]

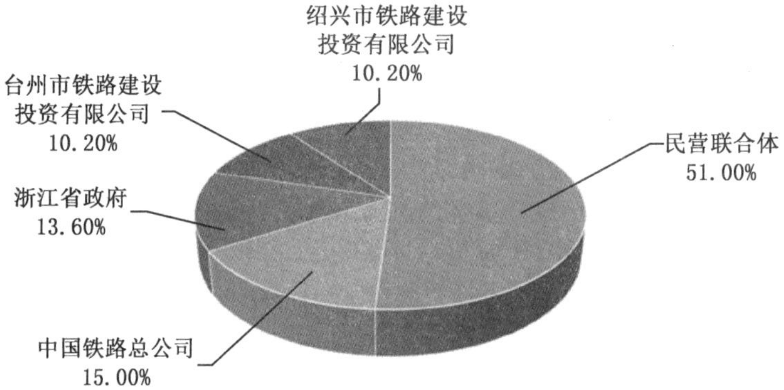

图 3.5 杭绍台铁路项目投资情况

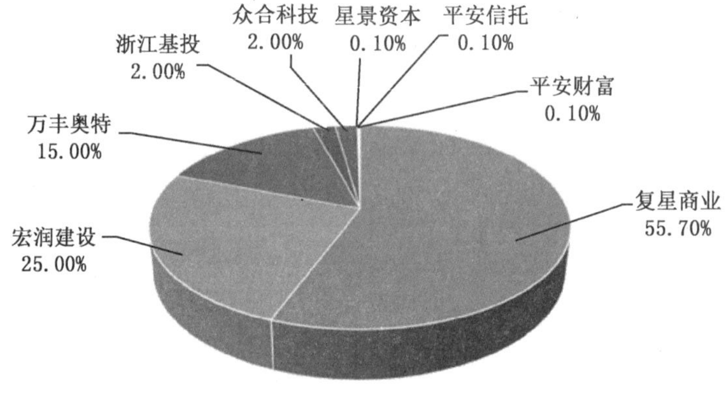

图 3.6 民营联合体股份构成情况

民营资本通过 PPP 模式进入基础设施建设项目,让民营资本可以参与分享基础设施这个巨大的市场,未来的中国在这一方面还具有巨大的

① 数据来源:公开数据整理。

空间，同时民营资本的参与也可以为基础设施建设领域带来很多有益的元素，从而实现更好的经济效益。

（二）混合所有制企业中的领导权和收益权的选择

1．混合所有制改革的固有矛盾

《深化国有企业改革的指导意见》（下称《指导意见》）明确提出发展混合所有制经济，引入非国有资本参与国有企业改革。《指导意见》强调国家鼓励非国有资本投资主体通过出资入股、收购股权等各种方式参与国有企业改制重组或国有控股上市公司增资扩股以及企业经营管理；同时，为保障非国有资本的合法权益，《指导意见》指出混合所有制企业实行同股同权。但是《指导意见》同时又在基本原则中强调要坚持增强活力和强化监管相结合，在推进国有企业改革的同时要“切实防止国有资产流失，确保国有资产保值增值”。因此，混合所有制改革需要把握的一个基本原则就是“混改并非私有化”，混合所有制改革的核心在于改变国有资产的管理方式，提高国有企业的活力，但同时国家并不能失去对国有资本的控制权。

在推进混合所有制改革的同时需要防止国有资产流失，这使得混改鲜明区别于“私有化”。国有资产流失存在多种形式，例如在国有企业改制中，国有资产被低估入股；在企业破产中，国有资产被拍卖瓜分；有的企业经营管理不善，造成国有资产巨大亏损；有的企业则在实施激励方案时存在问题，导致管理层在收购时以不合理的价格获得国有资产；以上这些漏洞的存在都很容易导致国有资产的流失。因此在混合所有制改革中，如何避免这些问题的发生成为一个重要的命题，与此同时，为了保障国有资产的安全，很多国有企业在混改中都不会放弃领导权。国家在混合所有制企业中实现国有控股（即取得领导权）的方式有很多，最常见的有在混合所有制企业中拥有超过50％的股份，这种方式被称为国有绝对控股；此外，尽管有的企业中国有资本并没有超过50％，但是根据协议规定，由国家拥有实际控制权的企业，这种方式被称为相对控股。此外，有的企业中，国家并没有实现控股，但是因为政府在监管和政策制定上的地位，实际上对企业拥有很大的影响力。

在混合所有制企业的运营过程中，国有资本和民营资本的目标并不是完全统一的，民营资本以追求经济利益最大化为目标，但是国有资本在追求经济利益的同时还需要执行国家在其他方面的意图，同时还要防止国有资产的流失，这样的矛盾是混合所有制自身固有的矛盾。这样的矛盾导致混合所有制企业中领导权和收益权的确定变成一个十分敏感的问题。在国有控股的混合所有制企业中，国有资本占据主导权，这使得企业的经营决策仍然会存在原国有企业存在的问题，而且民营资本的合法权益并不能得到完全的保障，同时，在国家通过企业执行追求经济利益之外的目的时往往会牺牲民营经济的利益。在民营资本控股的混合所有制经济中，国有资产的安全又会成为国家担心的问题，同时民营资本控制的混合所有制企业是否会触及“私有化”的底线，当企业经营发生困难时，国家是否会以保护国有资产为理由干预企业的经营，假如国家可以干预的话，那民营资本的领导权就是不完整的。因为国家的强势地位，当问题发生时，民营资本就容易成为牺牲的对象，这导致很多民营资本在参与混合所有制改革时都保持谨慎的态度，其核心就在于领导权的确定上。对于收益权，国有资本和民营资本可以按照股权的比例确定，但是在领导权上，国家可以施加超过其收益权的影响力，领导权与收益权的不匹配成为混合所有制企业的重要问题。

2. 民营资本难以取得领导权与话语权

除了上述的混合所有制经济自身的固有矛盾，导致民营资本很难获得领导权，从实际操作上来说，民营资本因为受制于自身较小的体量，面对国有企业动辄数十亿、上百亿元的资产规模，要想获得领导权也是非常困难的。

根据国家统计局年度工业统计调查的数据，2015 年，我国登记为私营工业企业的单位数目为 216 506 个，私营工业企业资产总计为 229 006.48 亿元，平均每家企业的资产为 1.06 亿元；同时我国登记为国有工业企业的单位数目为 3 324 个，国有工业企业资产总计 71 514.87 亿元，平均每家企业的资产为 22.11 亿元。由此可见，国有工业企业的资产平均是私营工业企业的 21 倍左右，这使得民营资本在参与混合所有制改革时在实际操作层面就很难获得股份上的多数，因此获得领导权则更是难上加难，甚至公平的话语权都很难获得。

民营资本在参与混合所有制改革后因为没有领导权与话语权的原因最后被迫退出项目的案例时有发生，衢常铁路项目就是这样一个例子。据公开资料显示，衢常铁路全长 45 千米，原计划投资总额约为 7.84 亿元，由铁道部、浙江省常山县政府和浙江常山水泥有限责任公司三方共同投资兴建，上海铁路局作为铁道部的出资人占 35.00％的股份，常山县国有资产管理局代表常山县政府与常山水泥公司各占 32.50％的股份，其中常山水泥公司为民营企业。衢常铁路项目立项顺利，但是 2006 年 8 月，常山水泥公司的母公司光宇集团出资 5 000 多万元后，项目增加了浙江铁路集团入股。股权变更后，上海铁路局持股 42.56％，常山县为 31.00％，常山水泥为 18.88％，浙江铁路集团为 7.56％。本次股权变更后，常山水泥的股份从原来的 32.50％下降到 18.88％，因此，光宇集团失去了话语权。而光宇集团之所以在后期不再追加投资，主要是因为铁路部门强势争取控制权，而光宇集团对该项目的前景并不确定。2007 年 5 月，在铁路通车前两个月，光宇集团将旗下的常山水泥连同衢常铁路的股份一同转给了中国建材集团，至此，民营资本完全退出了衢常铁路项目。

领导权问题是混合所有制企业的核心问题，如何进行有效的制度安排是进行混合所有制改革必须解决的问题，否则就会让民营资本望而却步。

（三）各自行业优势的互补性合并

混合所有制改革为国有企业与民营企业的结合发展提供了很好的机遇，国有企业与民营企业因自己固有的特点，在行业中具有各自独特的优势。国有企业因为背靠国家，因此，在很多方面都可以比民企更容易获得国家政策的扶持，国有企业通常拥有雄厚的资产规模，而且，很多国有企业处于垄断行业，民营资本进入这些领域也可以享受到一些垄断利益，这些都为混合所有制改革提供了良好的基础。民营企业因为长期处于竞争性的市场中，其竞争意识比较强烈，市场运作能力强，因为不能拥有国有企业那样天然的优势，在同一个领域中许多民营企业往往更多地通过提高自身的技术水平、改进行政管理机制来获得与国有企业竞争的优势。因此混合所有制改革中，各自行业优势的互补性合并成为一个有效整合资源、快速提升企业竞争力的重要方式。

泰豪科技就是通过跨所有制的资本组合，源源不断地补充并整合各种资源，实现快速发展的例子之一。泰豪科技，全称泰豪科技股份有限公司，其创业阶段最早可以追溯到1988年7月江西清华科技开发部在清华大学江西校友会支持下创立的江西清华科技有限公司。1996年3月20日，江西清华科技有限公司、南昌通源实业总公司、南昌高新技术产业开发区发展总公司、江西无线电厂和中外合资江西景华九尹电子有限公司共同以现金出资组建江西清华泰豪电器有限责任公司，注册资本为300万元。江西清华科技有限公司作为泰豪科技的前身，是一家民营企业，而其他几个出资方都是国有、集体或国有控股企业。这几家企业各自具有行业内的优势，有的具有扎实的销售和技术资源，有的具备较好的市场资源，有的享受良好的政策优势，有的具备生产制造能力，有的具备良好的管理经验。在这样的条件下，江西清华泰豪电器有限公司迅速发展，此后，1997年6月，股东以现金增资增加公司注册资本到1 300万元，1997年11月，公司增加注册资本至5 000万元，1999年11月，公司再次增加注册资本至8 000万元①。2002年7月3日，泰豪科技股票在上海证券交易所挂牌交易，实现上市。

同样实现各自行业优势互补性的混合所有制改革的例子还有高科技企业亿阳通信。亿阳通信，全称亿阳信通股份有限公司，是1998年2月由亿阳集团股份有限公司、哈尔滨市光大电脑有限公司、哈尔滨现代设备安装有限公司、北京市北邮通信技术公司及北京邮电学院科技开发公司

① 数据来源：泰豪科技 MTN001 募集说明书。

共同出资设立的，其中，亿阳集团股份有限公司代表了民营资本，而北京市北邮通信技术公司及北京邮电学院科技开发公司则代表了国有资本。亿阳通信2000年7月在上海证券交易所上市，截至2017年三季报，亿阳通信前两大股东分别为亿阳集团股份有限公司和北京北邮资产经营管理有限公司，其中，后者是由北京邮电大学法人独资控股的有限责任公司①。亿阳通信和北京邮电大学在企业发展过程中一直保持紧密的产—学—研合作。亿阳通信主要从事电信与广电网络管理系统、企业IT运营支撑系统、信息安全、电信及互联网增值业务等方面的行业应用软件开发、解决方案提供和技术服务，而北京邮电大学的通信工程、电子信息工程、计算机科学与技术和信息管理与信息系统等专业是在全国高校中都处于领先位置的。亿阳通信借助北京邮电大学领先的科研实力有效提高自身的技术水平，取得在市场竞争中的优势，同时，北京邮电大学也为亿阳通信输送了大量优秀人才，促进了公司的发展；另一方面北京邮电大学也借助亿阳通信有效实现科研成果转化为产业效益，这样的各自行业优势互补性的混合所有制改革有效利用了各方资源，实现了互利共赢。

（四）同行业的重组合并

企业在发展过程中，随着规模的扩大，会考虑重组合并与自己处于同一行业的其他企业来扩大产能以及市场占有率，这样做可以构建新的资本运作平台，为企业拓宽融资渠道，同时可以整合企业内外资源，完善产业链，实现一体化战略。在混合所有制改革中，通过重组合并来整合同一行业中的国有企业和民营企业，是实现资源有效利用，提高国有资产经济效益的有效手段。

在某些行业，规模较小的企业的竞争力不强，需要做大企业取得规模效应以后才可以有效提高经济效益。因为历史原因，对于同一行业，很多地方都建立起属于自己的国有企业或国有工厂，但是这些企业彼此独立，并不构成一个整体，而随着市场发展程度越来越深以及国有企业自身存

---

① 数据来源：Wind。

在的体制问题，这些规模不大的国有企业面临严重的经营困难问题，是将被市场淘汰的企业，因此，通过重组合，并将这些原本孤立的企业整合到一个规模较大的企业里是一个很好的改革方式。上海胜华电缆通过不断并购重组国有电缆厂，实现低成本、高效益的跨越式发展就是这样一个例子。上海胜华电缆是一家从事制造、加工电线电缆及零配件，实业投资等业务的有限责任公司，其所有股东均为个人，所以是一家名副其实的民营企业。上海胜华电缆前身是始创于 1987 年的上海海新电缆厂，1998 年更名为上海胜华电缆厂，2002 年重组成立上海胜华电缆集团。胜华电缆在发展历程中实现了多次对原国有电缆厂的重组并购，历程如表 3.7 所示。

表 3.7　　胜华电缆厂的并购记录

时　间	重组并购事件
1996 年	张胜飞投资 1 200 万元，收购了具有 20 年电线电缆制造历史的上海海新电缆厂
1998 年	收购上海丝织三厂和上海苏菲亚鞋业有限公司，扩大电缆生产规模，并重组为上海胜华电缆厂
1999 年	收购上海浦江电缆厂，实现塑力缆向橡套电缆的扩张
2003 年	收购合肥电缆厂和安徽绿宝电缆股份有限公司，实现低压电缆向高压电缆、线缆产业向房地产业的扩张
2005 年	收购重组了新乡电缆厂，并成立了新乡胜华房地产开发有限公司
2008 年	重组宁夏东风电缆厂为宁夏胜华电缆有限公司同时成立胜华铝芯电缆有限公司
2010 年	重组哈尔滨电缆厂，成立了哈尔滨电缆集团，并开工建设胜华集团哈尔滨生产基地

胜华电缆重组并购的这些国有企业大部分经营十分困难、甚至濒临破产，但存在潜在优势：有比较配套的制造和检测设备，技术人才储备和质量管理体系。因此，胜华电缆通过多次并购重组，用民营企业的管理机制将国企的潜力充分挖掘出来，使企业扭亏转盈并得到良性发展。

(五)吸收合并与新设合并的选择

重组并购在形式上有吸收合并和新设合并两种形式。吸收合并是指合并方(购买方)通过企业合并取得被合并方(被购买方)的全部资产和债务,合并后注销被合并方的法人资格的合并方式,主要包括:①母公司作为吸收合并的主体并成为存续公司,上市公司注销;②上市公司作为吸收合并的主体并成为存续公司,集团公司注销;③非上市公司之间的吸收合并。新设合并,又称创立合并,是指两个或两个以上的公司合并后,成立一个新的公司,参与合并的原有各公司均归于消灭的公司合并。在新设合并后,参与合并的各企业均丧失了法人地位,只有新设立的企业具有法人资格。新设合并可以通过以下两种方式进行:①由新设公司以倾向资金购买部分参与合并公司的资产或股份,该部分参与合并公司的股东丧失其股东资格,剩余股东持有新设公司发行的股份,成为新设公司的股东;②新设公司发行新股,消失各公司的股份可以全部转化为新公司的股份,成为新设公司的股东。

吸收合并方式相对来说手续简单,操作便利,费用低廉,所引起的震动,尤其是上市公司参与并购重组引起的市场震动也比较小。吸收合并往往是一方在经营中遇到重重困难,迫切希望得到解脱、新生;而另一方又正在快速发展,谋求扩张,因此双方比较容易协商达成一致意见,同时政府的政策也大力支持这一些运作,所以吸收合并一般能比较顺利地实现。市场上的并购重组一般也都是通过吸收合并的方式进行的,例如前文提到的胜华电缆在发展过程中并购吸收国有电缆厂就属于这种情况。

新设合并的动机往往比较复杂,牵涉的法律手续更多,各方的磨合也不太容易;但新设合并在开拓新领域、塑造全新的品牌等方面仍是一种重要的方式,故现实经济生活中也会采用。比较典型的新设合并的案例是1996 年上海两家证券公司申银和万国组成申银万国证券公司。

(六)纯股权重组和股权经营权多目标重组

民营企业参与混合所有制改革,其主要的优势在于民营企业在经营管理上更具有效率，而国有企业参与混合所有制改革的一个优势在于其拥有数量巨大的资产，这为混合所有制企业的发展提供了较好的基础。因此，混合所有制改革在进行企业重组时，目标通常是股权与经营权多重目标。经营权的重组是混合所有制改革的关键步骤，如果想要将民营企业的活力、公司治理经验、市场运作能力引入混合所有制企业，那么民营资本在混合所有制企业的经营中必须拥有话语权，否则，如果只是进行纯股权重组的话，以民营资本与国有资本的体量对比，民营资本是很难在企业中掌握多数的股权与话语权的。所以股权与经营权的抉择问题，本质上是混合所有制中领导权与收益权的选择问题。

因此，在推动混合所有制改革的过程中，必须同时推进股权与经营权的多重目标改革。重组应该是两家或者多家企业考虑自身发展的现状，然后为了更好的经济效益而自发主动进行的经济行为。民营资本对与国有资本的纯股权重组并没有原始需求，因为民营资本本身并不能直接从国有资本上获取收益，它只能从混改之后的企业经营利润中获得收益，而民营资本如果不能在混合所有制企业中获取经营权，就很难保证自己利益的实现，甚至不能保证混合所有制企业的正常发展，考虑较坏的情形，混合所有制企业甚至成为一种负担。因此，纯股权重组对于民营资本的吸引力不大，这种改革并不具有原动力，如果只是政策强行推动，并不符合市场的基本规律。

总而言之，不同的重组方式，最终是为了实现经济利益的最大化，而对于民营资本，则必须要考虑到自身资本的安全与收益。因此，保护并实现民营资本与国有资本的权益是混合所有制改革的关键所在。

五、民营企业参与混合所有制改革的案例分析

(一)民企参与央企混合所有制改革案例——复星与国药

民企与国企的混合所有制改革一直是国内经济发展的重点，十八届三中全会在《中共中央关于全面深化改革若干重大问题的决定》中指出：我国需要积极发展混合所有制经济，放大国有资本功能、保值增值、提高

竞争力，促使各种所有制资本取长补短、相互促进、共同发展。同时国务院也公布了《关于国有企业发展混合所有制经济的意见》，其总体要求主要体现在"把握目标原则、区分不同类型、鼓励多种方式"。十八届三中全会明确提出要"完善产权保护制度，积极发展混合所有制经济，推动国有企业完善现代企业制度"。这些意见与政策的提出都与当前民营经济的发展、国企的现状、经济形势和改革整体的客观条件等紧密相关。为推进国家全面深化改革，积极落实相应政策，我国开始大力发展混合所有制经济，民营企业与国有企业的改革实例应运而生。综合来看，民企参与国企混改的目的主要有三方面。

一是结合民企与国企的自身优势，实现互利共赢。一般而言，大多数混合所有制改革都有着优势互补的特点，典型的以泰豪科技为例。泰豪集团与四家国企合作，共同成立"泰豪科技"，拉开了泰豪集团混合所有制改革的序幕。这五家企业在技术制造、公司管理、销售资源、市场资源、国家政策方面都分别拥有不同的竞争力与优势，比如说第一大股东——同方股份有限公司可以为其提供尖端的技术优势。当参与混改的企业都具有一定的产业优势，并且有相同的价值理念时，混改就容易成功，泰豪集团也因此加强了自己的企业竞争力。

二是实施战略性投资开拓企业市场。这点主要针对以战略投资者的身份参与混改的民营企业。复星集团自 1998 年以来便以战略投资者的身份参股投资多家上市公司，整个集团业务遍布众多领域，很好地实现了企业的价值增量。

三是借助国企突破行业壁垒以踏足垄断行业。我国的垄断行业主要有通信、石油、化工、军工等，其中最突出的便是百度、腾讯、阿里、京东（以下简称 BATJ）等互联网行业龙头企业参与"中国联通"的混合所有制改革。联通借此完成筹资，短期用于 4G 及 5G 相关业务和创新业务建设，长期旨在实现一个智能化的信息通信格局。对于 BATJ 来说，中国联通拥有的基础通信资源、数据和用户都极具吸引力，且联通在通信领域有很多互联网企业无法比拟的优势。因此，不管是为了进入通信垄断行业"分一杯羹”，还是为日后公司业务布局量着想，BATJ 都不可能错过这次联通混合所有制改革的好机会。

下面以复星集团参与国药集团的混合所有制改革为案例，分析其在混合所有制改革潮流中采取的措施和改革结果。

1. 复星集团参与混合所有制改革的方式及主要事件

作为民营企业的复星集团通过股权流转、产权交易、增资扩股等方式收购国有企业股份。

首先，这种混改方式的目的大多数是为了扩展企业目标市场、进军新行业或巩固本企业在对应行业的地位。复星集团与国药集团进行合作合资、联合兼并或者是优化重组的方式进行股份制改革，不仅可以给双方都带来巨大利润，并且稳固了复星旗下子公司——复星医药在行业中的地位。

其次，复星通过参股具有广阔市场化增量空间的国有企业，分享成长收益。混合所有制不应当是简单的国有资本、集体资本和非公有资本交叉持股，而应通过更多元化的创新方式深入融合。因此，在复星发展的道路上，也一直在不断地参股具有广阔市场化空间、多元化的企业。如 2014 年，复星国际发觉消费领域的增长机会，投资北京国资委控股的公司“三元股份”，并从中获取一定的盈利与资源。再次，复星集团采取“引进来、走出去”策略，可以通过合资、合作、并购、参股、入股等方式吸纳外资或成为境外公司股东。例如，复星国际在 2014 年以 10 欧元的报价击败美国基金阿波罗全球管理公司，完成对葡萄牙保险（包括 Fidelidade、Multicare 及 Cares 三家保险公司，10.38 亿欧元）80％股权的收购，并且之后相继收购了特种险公司 Ironshore20％股权，以及美国财险公司 MIG100％股权等。2016 年复星集团保险板块的收入为 276.4 亿元，增长 88.4％，归属母公司的利润 24.11 亿元，增长 21.04％。除此之外，复星也曾投资美国从事影视行业的 Studio 8 公司、加拿大太阳马戏团 25％股份、地中海俱乐部 98％的股权等。

复星集团通过并购扩展混合所有制版图的主要历程见表 3.8。

表 3.8 **复星集团主要事件表**

时间	事件
1998	复星实业上市，2002 年改名为复星医药
2002	复星成为“豫园商城”的控股股东
2003	复星旗下三家子公司与南钢集团联合组建的南钢联合有限公司，踏入钢铁行业
2007	复星国际在中国香港联交所主板上市
2009	复星医药与中国医药集团合作成立国药控股
2014	复星国际认购三元股份非公开发行股票，占股比为 20.45%
2014	复星与海钢联合组建的海南矿业联合有限公司成立，后海南矿业单独上市
2016	复星创富参与中粮工科混改方案，进军粮食行业
2017	复星集团参与完成上海泛亚航运有限公司的增资扩股

2. 国药控股混改详细方案

长期以来我国的医药行业主要存在两方面特点：一是行业集中度低，恶性竞争严重，政府支持医药行业的混合所有制改革。我国医药行业以小规模企业为主导，因此，大型企业非常少见，占比只有 20%左右，而中小规模企业达到 80%。就行业集中度而言，国外医药行业集中度大概在 40%左右，我国仅有 10%，医药产业结构分散现象凸显。当资源出现短缺时，中小规模企业在价格谈判中易处于被动地位，导致制药企业只能被动接受定价，加重企业成本负担。同时，我国医药行业尚未摆脱粗放式经营格局，药品市场同质化现象较为普遍，药品核心竞争力不足。二是药物研发周期长，医药产品同质化严重。我国医药产品同质化非常严重，同质产品占大部分医药市场份额。医药企业每年平均研发投入占年销售额的比重不到 2%，更多是通过生产仿制药来获取微薄的利润。同时，较低的利润难以支撑药品的研发投入，从而形成恶性循环。由于药物的研发周期长、药物研发力度不够等缺陷，企业可以有效地通过并购快速获得创新技术和产品。因此，结合政府出台的政策与背景现状，医药行业的混合所有制改革是制药企业发展的必经之路。

上述问题的存在加快了国家要求加速推行医药行业的改革步伐。2009年以来，我国政府陆续出台了关于推进医药卫生体制改革的相关政策，鼓励大型企业通过混合所有制改革、并购重组来整合提高行业集中度，加速制药产业转型升级。其中比较关键的有，2010年《关于加快医药行业结构调整的指导意见》中提出的“推动基本药物生产企业的兼并重组，促进基本药物生产向优势企业集中，鼓励优势企业实施跨地区、跨所有制的收购兼并和联合重组；2012年《医药工业“十二五”发展规划》中提出的“将推动医药企业兼并重组作为重要任务，目标是提高产业集中度，力争百强企业销售收入占全行业的50%以上”等。

3. 国药集团进行混合所有制改革的目的

(1)政策变动促使国药集团引入民营资本，改善企业内部控制管理体系

药品商业流通领域是我国最早放开管制的领域。从20世纪90年代开始，中国医药流通体制发生重大变化，国药集团所从事的全国药品调拨业务被取消，医药公司纷纷下放地方或改制，留给母公司的几乎是“空壳”。上有资金雄厚的跨国公司，下有机制灵活的民营企业，传统国企没有任何政策优势可言。针对这些问题，国药集团大力推行改革改制，引入民营企业、跨国公司等战略投资者。

2000年，国药对内部业务板块和上下级公司的整合提上日程。但是，当时的国药面临一些典型的难题：上游的制药厂为了保证自身资金流，一般要求医药流通企业在30～45天之内回款；下游的医院为缓解资金压力，一般对货款的占用时间多于60天。这也就意味着流通企业必须有充裕的资金，才能保证这一循环的正常流转。为筹集发展资金，国药集团首先将部分优质资产打包上市。于是，在2002年11月，国药股份成功上市。

然而，对于那些并不优良的存续资产该怎么办？在市场环境的逼迫下，国药领导层决定对流通业务板块实施改制，引入战略投资者和增量资金。不过，按照当时国家有关规定，医药流通业务不允许外资介入，而当

时的国有企业基本不具备以货币资金出资的条件和能力。在这种情况下，民营企业参股成为比较现实的选择。因此，国药集团希望能够通过引入民营资本，改变企业内部机制，增强灵活性。

(2)复星医药缺乏经营销售资源，旨在取长补短，互利共赢

从复星医药的角度来看，在混合所有制改革之前，复星医药主要以医药工业模式为主，在公司治理、医药制造等方面优势明显，但在商业和销售领域所占比例非常小，没有很好的经营销售资源。而国药集团作为中国最大的药品、医疗保健产品分销商及领先的供应链服务提供商，在品牌、特殊经营权、销售网络、政府资源方面具有明显优势。因此，复星集团希望能够通过与国药集团合作，很好地利用国药集团在医药分销方面的资源和领先的供应链服务技术，部署医药销售网络，完善产业链，提高公司竞争力。

4. 合并的过程分析

一是优化股权结构。2003 年 1 月，复星集团与国药集团成立国药产业投资有限公司，组建了医药领域第一家混合所有制企业。最初，复星以 5.03 亿元货币资金出资，占 49%股权，中国医药集团以医药流通业务的存量资产出资，占 51%股权。

2008 年，国药控股实施股份公司改造，国药集团与复星医药子公司齐绅公司分别出资 51%和 49%成立“国药产投”，国药产投和国药集团持有国药控股比例分别为 96%和 4%。

2009 年 9 月，国药控股在香港上市，股权结构进一步得到优化，持股结构趋近多元化。

国药控股未上市前股东结构为：国药产业投资有限公司占比 96%，国药集团占比 4%，复星医药间接持有国药控股 47.04%；公司上市后，伴随股本摊薄情况的出现，复星医药间接持有国药控股比例降为 32.05%；截至 2017 年 6 月 30 日，国药控股的股本结构如表 3.9 所示。

表 3.9 国药控股股本结构图

股东名称	股份性质	占已发行普通股比例（%）	股东类型
国药产业投资有限公司	内资股	56.79	持有 5%以上股东
JPMorgan Chase & Co.	H 股	8.19	持有 5%以上股东
Oppenheimer Funds，Inc.	H 股	4.80	机构投资者
Oppenheimer Markets Fund	H 股	3.88	机构投资者
BlackRock，Inc.	H 股	2.95	机构投资者
中国医药集团总公司	内资股	0.10	持有 5%以上股东

二是完善董事会建设，引入股权激励制度。2003 年混改时，国药控股董事会 5 名执行董事中，国药集团占 3 名席位，复星医药占 2 名，仅比国药集团少 1 名。截至 2017 年底，国药控股董事会成员有 13 名，其中，国药集团占 4 名，复星医药占 3 名，独立董事 5 名。董事会成员结构的安排体现了国药控股、复星医药和社会公众股东的出资要求和利益诉求，为董事会科学决策、保护股东利益提供了保障。复星集团参与国药集团的混改，优化了国药集团的股权结构、董事会结构和监事会结构，对国有资本出资人代表的代理行为具有制衡作用。

除此之外，复星集团作为民企中的佼佼者，在公司管理制度上的思想非常超前，具有一定优势。比如说，复星集团在部分控股子公司中已推出股权激励机制，科技人员可以以现金和技术入股，也可以按照净资产价格购买期股期权。国药控股作为香港上市公司，也借鉴了复星医药的一些成功做法，推行股权激励机制，降低代理成本，调动经营者的积极性。

三是进行资源重组，完善经销渠道与医药网络。在国药控股混合所有制改革过程中，国药集团又收购了国内几家老牌的中医药民营企业（如同济堂、德众等），使得企业版图加速扩展，并开发出国药集团中药发展平台，将民营企业的利益与国有企业的利益紧紧结合在一起。在销售商品方面，国药集团和复星集团结合民营企业与国企的优势资源，在全国范围内广泛布置医疗器械和药品的运输销售渠道，进一步推动混合所有制发展。

5. 复星集团参与混合所有制改革的结果和评价（以民企为主角进行考虑）

从复星集团与国药集团开始合作之后，在2003年，国药控股实现销售收入108亿元，净利润6 700万元。之后，复星集团再次以“增资方式”投入约8.11亿元。到2016年末，国药控股的销售收入为2 583.92亿元，净利润46.47亿元；在2017年三季报中，国药控股的销售规模从80亿扩展到2016年的2 584亿，增长了32.3倍；销售收入为2 084.18亿元，利润从1亿增长到2016年的46.47亿，增长了46倍；净资产从10亿增长到445亿，增长了44.5倍。

(1)财务评价

从复星集团参与混改及上市前后的分红所得进行分析。2005、2006、2008年的股息分别为0.92亿元、4.64亿元、1.06亿元，合计6.62亿元，其中，复星可得3.23亿元人民币。（无法知道2003、2004年是否有分红；2007年没有分红。）

上市后的历年分红所得：国药控股自2006年以来，已实施现金分红8次，累计实现净利润238.49亿元，累计现金分红为55.35亿元，分红率高达23.21%。表3.10是国药控股集团2006—2017年三季度的财务指标汇总表格。

表3.10　　国药控股历年分红明细

报告期	现金分红总额(万元)	股利支付率	收益留存率	ROI	每股股利
2017三季	—	—	—	5.13%	—
2016	138 354.75	29.77%	70.23%	7.49%	0.50
2015	113 450.90	30.17%	69.83%	6.50%	0.41
2014	85 779.95	29.84%	70.16%	5.54%	0.31
2013	66 775.63	29.68%	70.32%	5.62%	0.26

续表

报告期	现金分红总额(万元)	股利支付率	收益留存率	ROI	每股股利
2012	64 207.34	32.53%	67.47%	6.30%	0.25
2011	45 649.88	29.25%	70.75%	6.99%	0.19
2010	36 998.19	30.61%	69.39%	8.83%	0.16
2009	2 298.98	2.72%	97.28%	10.48%	0.01
2008	——	——	——	14.82%	——
2007	——	——	——	9.97%	——
2006	——	——	——	2.78%	——

从以上两部分可以看出,国药集团在引入民营资本后,销售收入和净利润均有较高幅度增长。自国药控股公司在中国香港上市后,伴随着更多的资本流入和混合所有制改革过程的推进,其盈利能力较上市前又有了进一步提高,仅2016年一年就分红13.83亿元。由此可见,国企和民企之间进行方法得当的混合所有制改革是能够促进两个企业共同发展的。

(2)经济评价

国药集团庞大的医疗保健产品分销资源与供应链服务提供商,结合复星集团灵活的企业内部管理制度与可观的民营资本,对推动医药行业的改革起到非常强劲的助力。除去上文对二者合作后分红情况的分析,接下来将简要列举一下二者合作所产生的社会影响,主要分为医药物流网络、医疗投资、国药健康在线三个方面。这三大平台的实现,不仅为我国医药事业做出巨大贡献,也稳固了复星医药企业在中国医药行业的地位。

一是医药物流网络。2014年6月,复星与国药控股签署共同建造中国医药仓储设施的战略合作框架协议,成立合资公司,推进全国医药物流基础设施项目选址,建设全国范围的医药物流网络。复星旗下专业从事物流商贸地产业务的星泓资本,与国药控股的物流团队一起,建设全国范围的垂直化和专业化的医药物流体系，以完善国药物流全国药网的建设和最后一公里配送体系。这次合作，不仅标志着复星在医药方向也有了物流布局，同时也为我国的医药事业做出了广大贡献。

二是医疗投资与运营管理的平台——国药医疗投资。国药控股于2013年11月成立医疗投资与运营管理的平台——国药控股医疗投资管理有限公司。该平台的成立有助于公司拓展医疗服务投资渠道，从而积极参与公立医院的改革和发展，完善医疗服务产业的布局。

三是复星医药影响力提高，行业地位得以巩固。复星集团与国药集团混合所有制改革的14年来，国药控股的成功有目共睹，一跃成为中国最大的药品、医疗保健产品分销商。复星集团不仅在经济上取得了巨额的回报，同时也形成了较高的行业地位和较强的影响力，带动了复星旗下子公司复星医药的发展，由此成为中国领先的医药集团。

6. *混改的主要问题*

(1)难点分析及解决措施

复星集团与中国医药的混合所有制改革并不是一帆风顺的，大都经历了观念碰撞、体制羁绊、机制转变、员工安置、文化融合的过程，其间遇到过很多改革改制中的困难，主要归纳如下：

一是双方进行混合所有制改革的目的不同，难以达成统一认识。在本例中，复星集团作为资本投入方，希望利用国药集团在医药分销方面的资源和领先的供应链服务技术，追求最大投资回报。中国医药集团面临着企业资金不足、净利润不高的问题，急需改革企业体制，吸取民营资本以求进一步发展。从根本上来说，如果双方都仅考虑自身利益，那么很容易出现为了短期利益而放弃长远利益的情况，影响混合所有制企业的长远发展。

为了维持天平两方平衡，中国医药在与复星集团改革前达成“仍以中国医药作为第一控股方”的条件，但也尽最大可能维持了民营资本的权益，以51%和49%的比例设立最初的混合所有制公司。中国医药以足够的诚意平等兼顾双方利益，既维护国有资本权益，也维护民营资本权益，更维护小股东利益。有了这些措施作为保障，复星集团与中国医药的混改目的更容易达成一致，企业理念大致相同，混改就容易成功。

二是难以决定公司董、监、高人数，国药集团内部机制转变实现艰难。国药集团引入民营资本最主要的一个原因，就是希望通过民营资本参与企业混改，优化企业的董事会结构、监事会结构和内部管理机制，对国有资本出资人代表的代理行为起到制衡作用。因此，在董、监、高人数的安排上，是此次改革的难点之一。就此点来看，复星集团通过参与国药集团的混改，持有的国药控股初始股权比例为 49%，拥有的国药控股董事会席位仅比国药集团少 1 名，后期也仅少 2 名。在董事会决议过程中，国药集团的董事做事风格更为稳健，对大局把控更为得当，风险意识更强；复星集团的董事更偏向效益型，处事更为灵活，善于抓住机遇。复星集团与国药集团的这次改革在股权结构和董监高人数的安排上都恰到好处，维持了双方的利益。

三是难以决定公司初始持股比例与股权结构，易引发改革的内部矛盾。在混改的过程中，一些民企希望能够获得国企的良好资源，稳固自己在行业的地位；一些民企的目的是获得国企的控制权。这个问题若得不到解决，不仅会导致改革双方的目的更加分离，还会导致民营股东与国有资本争夺股权，这将不可避免地消耗公司的人力物力和财力，不利于公司的发展。从复星集团参与国药集团的混合所有制改革来看，开始时国药集团处于控股地位，但国药控股在中国香港上市后，复星集团与国药集团的控制权被稀释，公众持股与一些外资企业持股比例上升，这时复星与国药就处于相对控股阶段。如果复星集团想获得国药控股的控制权，可以通过增持国药控股的股份实现。可见，这种混合所有制改革的股权结构是动态可调的。因此，在决定股权结构和控制权时，政府可以根据国企的类别与性质设置指导性持股比例，具体内容可由企业双方商定。

(2)启示与建议

一是混合所有制改革需要双方具有相同的价值理念，维护双方的利益。分析我国一些混合所有制改革案例，单方面保护民企或者国企的利益都不足以使混合所有制改革真正成功，最重要的还是合作各方具有相同的价值理念，用共同目标联结共同利益。发展混合所有制经济不是公有制经济和非公有制经济之间此消彼长、你进我退的“零和博弈”。双方作为利益共同体，把握好共同的目标追求和价值取向，充分利用各自拥有的资源要素和核心技术，平等合作，取长补短，利益共享、风险共担，共同努力创造价值增量。通过合理分配共同受益，实现和谐、包容性发展。

二是合理安排董事会与管理层，实现企业内部机制的转变。混合所有制不仅要实现投资主体的多元化，更关键的在于是否实现了企业内部机制的转变，通过融合民营企业机制灵活和国有企业管理规范的优势，建立起产权清晰、权责明确的企业制度。复星与国药集团的案例告诉我们，混改过程中应当注意管理层、董事会人数的合理分配，相互促进又彼此制衡，才可以解决政企不分、政资不分对混改后集团的干扰，才可以减少利益纠纷，更好地利于公司发展。

三是根据国企类别设定初始持股比例，后期进一步优化股权结构。在民企与国企的混改道路中，初始持股比例与股权结构一直是混改成功与否的关键，这直接关系到两家或多家公司之间的利益牵扯与利润分红。根据不同的目的与国企的不同性质，我们需要准确定义民企参与混改的股权比例，设置合理的股权结构，争取引向股权结构多元化方向。混合所有制改革应注意设置合理的股权结构，形成相互制衡的格局，既要防止出现一股独大，也要避免股份过分分散。

(二)同行业民企参与混合所有制改革案例——中国建材与中小民企

1. 中国建材混合所有制改革的行业特点

(1)进入门槛与成本低，垄断竞争有利于行业良性发展

拥有自然垄断性质的行业，提倡规模经济，高比例的行业集中度更能维持企业的经济利润。在未经业内大量兼并整合之前，水泥行业面临产能过剩、地区资源分散的情况，1998 年，前十名企业产量之和在全行业占比不高于 5%；2008 年，我国水泥行业集中度略微提升至 16%；而到 2015

年度，数字已跃升至58%。2011—2015年，中国水泥企业总数超过3 500家，不高的技术门槛以及政府对行业的政策鼓励使大量资本涌入水泥行业，行业利润总额暴跌70.59%。

经过行业大整合，统计各企业年报数据可以发现，2016年行业前10的企业仅有金隅股份与华新水泥发生变化，其中金隅股份通过重组冀东集团实现产能翻倍，华新水泥通过收购拉法基中国水泥，资产由第7位升至第6位。纵观欧美日等国家，水泥行业在经历高速发展后都进入大规模的企业重组状态，因此可以看出，并购重组是水泥行业在全行业利润急剧下降、面临严峻价格挑战时可采用的快速提升竞争力的手段，民企参与混改对自身发展大有裨益。

(2)行业并购往往呈现大吞小、战线长、次数多

在该种行业中，国企与央企的混合所有制改革主要通过两者股权结构的变更来完成，即国有控股企业对民营企业的并购重组；其分支行业也有民营资本主动引入国有资本上市筹资从而扩大产业规模、获取政策支持等途径。

目前我国并购重组历史最久且兼并企业数量最多的国企为中国建筑材料集团有限公司，先后吸纳上千家民营企业，大部分中小型民企作为子公司被中国建材兼并，也有少部分中大型公司如辽源金刚、振石控股作为控股方参与公司经营(见表3.11)。

表3.11　　部分收购事件时间表

时间	参与民营企业	参与(子)公司	形成的新设公司
2007年	浙江水泥	中国建材	南方水泥
2007年	连云港鹰游纺机集团、江苏奥神集团	中国建材	中复神鹰碳纤维有限公司
2009年	辽源金刚、弘毅投资	中国建材	北方水泥
2011年	华荣水泥、金珠水泥、泰安水泥、科华集团	中国建材	西南水泥

中国建材通过对水泥行业及其细分领域企业的兼并来完成国有资本

与民营资本的融合，民企参与混改涉及的方式有引入战略投资者、参股新设合并子公司与员工持股等，方式多样。中国建材应用兼并重组的方式进行混改的历史较长，经验丰富，且在类似水泥行业等准入门槛低、竞争压力充分、技术要求不断提高的行业中，其模式具有典型性，值得为后续希望参与混改的民企做参考。

2. 混合所有制改革的目的

(1)作为民企力求在行业格局中脱颖而出

水泥行业低门槛、低成本、低利润的特点使得生产厂家一旦过多，各厂家就会因价格战而受伤。比如2006年前的南方地区，浙江民营水泥企业数量众多，规模较大的4家企业浙江水泥、虎山水泥、江西水泥、尖峰水泥在业内形成寡头垄断格局，但达到的为类似“囚徒困境”的纳什均衡，各方都为进一步提升各自在行业内的地位而调整定价策略，伤害到整个行业的利润。

民企技术的不成熟与生产的盲目性会使单一所有制中的民企利润受损。比如2010年的西南水泥市场，地区总产能可能高达4亿吨，其中存在落后产能1亿吨，产能新增、供给提高与灾后重建任务的完成对总需求产生冲击，而区域内企业产量普遍不高，缺乏单家产能超千万吨的规模领先、拥有定价权的龙头企业，无序竞争使产品价格遭遇重创，急需资金以重振市场。

在上述情况下，参与国企对该区域企业的整合，对民企都是有利的。

(2)作为国企:需求与意愿同存

2002年，中国建材的前身—中国新型建材集团主要经营石膏板、塑料地板等新型建材，行业竞争激烈，公司资产仅20多亿元，逾期贷款却高达30多亿元。在国资委的要求下，中新为达到行业前三名，必须整合其他行业，才能提高自身的利润率。兼并民企展现了较好的收购资产、完成转型的图景。于是通过证券市场、产权市场和股权投资等方式吸引民间投资者参与企业改革改制，并与员工持股结合，构造对管理层的中长期股权激励机制。就水泥行业来看，发达国家的行业集中度在70%～80%，所以通过混合所有制改革提升企业行业地位和发展空间，符合国企改革的需求和愿望。

(3)国民双方响应政策需要，提升行业利润率

在国企改革整体层面，国资委从十八届三中全会便已提出“混改”概念。随着三去一降一补调整的逐步落实，混改作为一条有效途径将被更深入地开拓。继2016年11月份、2017年3月份，国家发改委和国资委先后确定启动第一批和第二批共19家央企混改试点，第三批混改试点也于2017年12月份正式启动，在第三批31家混改试点名单中，中央企业子企业10家，地方国有企业21家。中国建材及其子公司北新建材、中国巨石均列入前两批混改试点名单中。

在行业层面，中国水泥协会向政府部门报送的关于“推进大企业间产能互换的政策建议”中提到关于提高产业集中度与去产能两大思路：各省市将辖区内前两家企业产能占比提升至70%，开展省级区域内或跨省级的产能互换工作，通过停止高成本企业的生产，令其转向低成本企业进行二次加工以去库存。

3. 混改过程分析

由于中国建材并购范围广，并购方式较为多样，故本文主要阐述中国建材在以下体量较大的并购事件中采用的并购方法。

表3.11　　民企参与混改形式案例

南方水泥、西南水泥	民企成为新设合并公司的子公司	引入战略投资者
北方水泥	国民联营，新设公司	
中国巨石	国资联合上市	
北新建材	母子公司换股	员工持股

(1)南方水泥

2007年年初，中国建材便前往东南的浙江、江苏、湖南、江西、福建和上海五省一市进行调研，与当地政府筹措战略区划的建立。当年9月5日南方水泥有限公司成立，中国建材占注册资本的80%股权，现今占

82.3%;其余国企性质的江西水泥、尖峰集团出资4%和3%,民营性质的浙江邦达、北京华辰则分别占注册资本的12.5 %和2.5 %。民营资本参与控股的主要为金融投资类企业,参股性质类似战略投资者,民营水泥企业并未获得南方水泥的控股权,而仅参与其子公司的股本。

表3.12　　南方水泥公司中民企初始股权比例表

浙江邦达投资有限公司	12.5%
北京华辰世纪投资有限公司	2.5 %

例如,参与设立南方水泥的浙江水泥成为其旗下五大区域公司之一的浙江南方水泥的子公司,其原法定代表人项大江成为绍兴南方水泥的总经理和浙江南方水泥的监事,保留了自己的一部分经营权,并在新设合并的公司中存在一定话语权。

(2)北方水泥

2009年3月23日,中国建材与民企辽源金刚按合资9亿元,各占45%股权比例的方式,注资成立北方水泥,剩余10%的股权则由曾与中国建材旗下中国巨石有过资本合作的弘毅投资出资。辽源金刚原总经理在新设合并后的北方水泥仍担任经理职位。国有资本占股比例小,以及富有经验的弘毅投资带来管理思想上的创新是北方水泥的特点,该影响也延续到了后续对西南水泥的兼并方案。

(3)西南水泥

出于对区域基础建设的需要,2011年12月15日,中国建材联合云南思茅建峰水泥、澄江华荣水泥、宜良金珠水泥,重组设立西南水泥公司,注册资本100亿元人民币。其中,中国建材持股50%,深圳京达股权投资管理有限公司、上海圳通股权投资管理有限公司及北京华辰普金资产管理中心均含有民企成分,各自作为战略投资者,分别持股30%、15%和5%;原民营公司作为其在西南地区各地布局的分支子公司,开展业务活动。

民企在该资产重组过程中,延续原管理人员与管理方式,利益保有度高于与其他外资或民企合并的可得利益。如泰安水泥在入股时获得的“3个不变”承诺：原有人员及工资待遇不变；现有运作机制不变，按照原来的方式开展市场经营、推广产品和建设渠道网络；中国建材将设定一个3至5年的过渡期，在此期间维持原厂牌商标不变。现今，泰安水泥原经理龚雷海任贵州西南水泥总裁，并当选贵州省水泥协会会长。

2011年11月，四川利森与西南水泥达成合作，形成四川西南水泥有限公司，下辖上十家子公司。目前，四川利森建材集团有限公司由西南水泥和利森控股两大公司控股，比例约为3∶1，原董事会及经理层人员维持不变。之后，重庆科华控股集团有限公司接受西南水泥入股，并与西南水泥共同控股、管理重庆綦江西南水泥有限公司（原重庆科华建材）、重庆市万州科华水泥有限公司、重庆市石柱科华水泥有限公司及奉节科华水泥有限公司等5家水泥生产企业。

上述民企在参与中国建材的混改过程中，享有前文所述的专业中介机构以重置法评估的并购定价权益，以及整合区域份额、形成协同效应的好处，并与中国建材一并达成控制产能的目标，以赢得业内更高的话语权，同时原创业者也能享有原股份，并参与经营管理。

（4）中国巨石

1989年，原乡镇企业桐乡玻璃纤维厂改制为浙江桐乡振石股份有限公司，并在1993年由控股股东振石控股联合其他乡镇股东成立桐乡市巨石玻璃纤维有限公司。1999年，振石控股投资组建中国玻纤股份有限公司，并将其以“中国化建”名义，联合中国建材集团相关资产共同上市，中建材初始控股比例56.68%，在上市后股权占比降至37.79%；振石集团和江苏永联集团原持股33.39%与6.36%，在上市后降至22.26%和4.24%（见表3.13）。

表3.13　A股公开上市后中国化建（中国玻纤、中国巨石）股权结构

中国建材	37.79%
振石集团	22.26%

续表

江苏永联	4.24%
中国建筑材料及设备进出口公司	2.38%

值得注意的是，2001 年，巨石引入外资，巨石职工、索瑞斯特、中国化建分别以 10.10%、33.39%、56.51%的比例入股，成立巨石集团，至 2003 年，巨石职工持股会将所有股权转让给振石集团，索瑞斯特也将 5%的股份出让，从而使振石集团对中国化建、巨石集团达成双层参股。① 2007 年，索瑞斯特通过将股份转让给中国玻纤，并逐步退出对巨石集团的投资，同时巨石方面引进珍成国际（弘毅投资）作为战略投资者。彼时中国玻纤对巨石集团有 51%的股权（见表 3.14）。

表 3.14　　巨石集团资产重组前股权结构

中国化建（中国玻纤）	51.00%
中国建材	11.50%
振石集团	11.00%
珍成国际	18.50%
索瑞斯特	8.00%

2010 年，中国玻纤通过向巨石集团股东增发股票，将巨石集团变为其全资子公司。交易完成后，振石控股、珍成国际对中国玻纤的控股比变为 20.68%与 10.02%，其他流通股股东获得其 32.19%的股权。

经过四轮股权整合，振石集团由中国玻纤股东、巨石集团股东的双重参股角色变成中国玻纤股东的单一参股角色，这种民营资本从子公司层面上升到上市母公司层面进行控股的过程，对于民企在混改中不断增值自身权利十分有借鉴意义。目前，在新一轮定增后，中国巨石股权结构如

① 职工持股会是国企早期改革的一种历史过渡，其性质是集体所有制性质。随着国企改革深入，上市公司的职工持股会持股一般会被管理层收购的工具转为自然人持股，也就是私营（本案是转让给民营企业）。自 1984 年始，无限责任的国资体系，股改成为有限责任公司再成为股份公司，再就成了混合所有制，这个历史过程，如水浸润。

表 3.15 所示。

表 3.15　　2017 年中国巨石股权结构

中国建材	26.97%
振石集团	15.59%
索瑞斯特	0.61%
A 股投资者(含基金、保险公司)	56.83%

(5)北新建材

2015 年 10 月 14 日,北新建材公告称其拟以 41.69 亿元向其子公司泰山石膏的少数股东定增换股,使泰山石膏成为它的全资子公司。定增完成后,泰山石膏的总经理贾同春将持有北新建材占比 6.80%的股本,其团队共持有达 11%的股本。对于北新建材而言,这能进一步提高它在泰山石膏的话语权,提高公司决策效率;对于管理层而言,原本泰山石膏就为北新建材贡献了 60%的利润,现在利益更加统一,有望优化公司业绩。

4. 中国建材混改结果和评价

(1)财务评价

从公司业绩看,在各品种建材的营业收入和净利润的规模上,中国建材稳居行业龙头地位。总资产从 123 亿元增至 5 000 亿元,利润总额从 1.7 亿元增至 81 亿元,2016 年达到年 38 385.75 万吨的产能,位居世界第一,在纸面石膏板、玻纤、风机叶片等领域走在世界前列。截至 2013 年底,中国建材集团各级企业中,混合所有制企业数量超过 85%,中国建材净资产中国有资本仅 200 亿元,其余 2/3 以上是社会资本。北新建材的业绩也在混改后日益增长。

尽管在规模上中国建材已成为行业第一,但它的盈利能力却并不如行业第二、产能仅其一半的海螺水泥,从财务报表上看,后者胜在负债率低、资产周转率高,同时兼顾成本领先与差异化战略,即产品质量高而成本低,从而净资产收益率也高。

(2)经济评价

从经济效益上看,混改、合并带来的最大优势是提升行业集中度。若将子公司分离,南方水泥始终处于销量第一的位置,2017 年产能 9 737 万吨,西南水泥以 9 415 万吨紧随其后,接下来是中联水泥和北方水泥,分别为 8 071 万吨和 2 217 万吨。水泥行业集中度的提升带来区域管控与去产能政策落实的便利,实际上中国建材自 2007 年起就有在山东枣庄集中爆破 9 条立窑水泥生产线的事迹,此举加速了落后小水泥产能的重组与淘汰,并加大了为工厂建设余热发电体系及与其配套的脱硫脱硝、袋式收尘体系的投资。由于大企业在融资方面有很大优势,民企适当地融入与大企业进行联合销售或资产转移将在这方面带来一定优惠。目前,并购大潮暂时平息,企业加入国企时考虑更为谨慎。

5. 混改的难点分析及解决措施

(1)三个难点:收购定价、股权设置、经营理念

虽然中国中建所参与的混改为民企取得了一定的业绩成果,但仍有改善的空间。中国建材一路波澜壮阔的收购进程中也隐藏着很多难点。

首先要面临的是与外资企业的竞争。在激烈的行业竞争的格局下,外企也会对民企抛出收购的橄榄枝,比如南方水泥成立前,浙江水泥的董事长冯光成已与一家意大利公司签署合作协议并支付了定金。此时收购民企,必定是要给出更为优厚的条件。然而定价过高,就会有国有资产流失之嫌;定价过低,又无法达到良好的整合效果。定价过高的问题同样也会出现在员工持股之中。北新建材的混改条款,对账面资产的预估增值率达到 270.08%,且在换股时未作业绩承诺,而泰山石膏虽市占率第一却面临外企和中小企业的充分竞争,并有来自美国的诉讼案缠身,混改可能存在利益输送的嫌疑。

其次,混改的股权设置对于民企并非非常友好。如上文所示,大部分民企经理人虽在混改之后保留原先的经营团队和经理地位,却只是子公司的高管层,对于大公司的架构无从涉及。而国企层面的股权设置则盘根错节,如万年青这一上市子公司,股权结构如下图所示,国有资产产权

界定不明晰，国家资本与地方资本共同巩固，交叉持股（见图 3.7）频繁且持股比例高，通常国有成分在一家公司的 90%以上，国有力量相互捆绑，民企难融入其中把握大的行业方向设计。

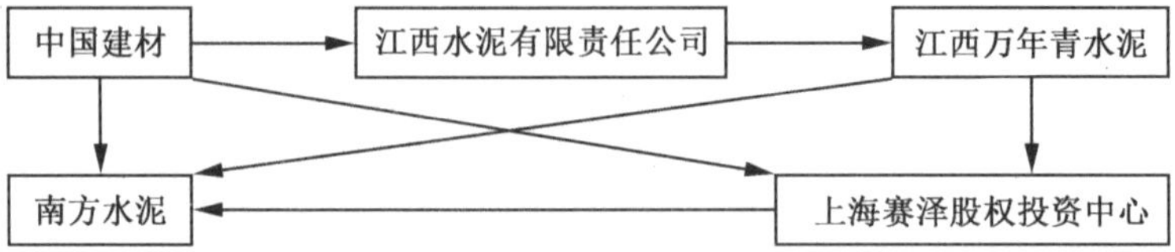

图 3.7 江西水泥相关交叉控股图

最后，民营企业的经营理念虽然可以与国有企业部分相融，却很难协调并很好地为企业经营服务（见表 3.16）。中国建材虽有明确的市场机制架构，净利率却赶不上同为国企的海螺水泥就可以说明这个问题。

表 3.16 中国建材案例体现的混改难点

外企竞争	抢标愿与国企合作的民企，同时产业上存在竞争
股权设置	民企分红低，控制权小
经营管理	民企的优势并未很好地展现在业绩上

（2）解决方法："三盘牛肉"

为解决上述问题，中国建材在兼并过程中明确提出了优惠民企的收购、经营理念，主要可以表现为"央企市营""国民共进"两大概念，强调战略合作而非并购思想。民企在并购过程中获得国有资本奉上的"三盘牛肉"如下：

①中国建材在收购过程中定价方式公平，保证民营企业原有权益不受损失。即在收购民营企业时，中国建材聘请专业中介机构按国际定价原则对原资产作资产评估后再支付合理的对价，以吸引民营企业积极合作。

②在双方资本重组后，为民营企业保留 30%的股权，从而使双方的利益同新设或是吸收合并公司的资产负债状况、股权结构、利润与现金流

联系在一起,令双方控股人都为公司的后续业绩发展、市场开拓共同协商,提供决策管理意见。

③在公司的运营层面,保留原来民营企业的董事、总经理为新设公司的职业经理人,并可能参与其下设分支子公司的控股,从而维持公司原有的经营活力。自 2006 年起,中国建材便成立外部董事占多数的董事会,其委托代理模式为“国资委—董事会—经理层”,达到政企分开、产权明晰的特点。

对于兼并后的股权结构,中国建材分别有正三七、倒三七的结构设计,体现“三层混合”的控股模式,加强了原民营企业的管理权与话语权:

①在上市公司层面上,集团二级公司中国建材股份公司作为港股上市公司吸纳社会资本,保留国有股 46.67%的占比,其余股份在外流通,当民营资本需要加大投入时,可通过在二级市场买入股份实现。

②在业务平台层面上,对新设立的四大地区子公司,提供部分股份供民营企业交叉持股。在业务公司层面即各地分社水泥厂中,为原民营控股股东保留 30%的股权,实现一定程度的股权激励。

③中国建材集团保有上市公司 30%以上的股份,仅作为第一大股东进行相对控股,而非占 50%的股份成为绝对控股股东,希望引入积极的股东提高企业管理效率,防止企业内部权力结构失衡。对中国建材集团的上市公司,70%的股份由该公司持有,剩余 30%的股份积极留给民营企业或其他投资者控股(见表 3.17)。

表 3.17　　中国建材的混改解决方案

股权结构	中国建材 H 股上市向公众投资者融资 50%以上
	集团下属上市公司股权,中国建材 30%,民企 30%
	平台层面子公司,下属民企交叉持股
收购价格	国际标准,中介机构,合理定价
运营管理	民营企业原管理人继续管理,原管理人持有部分股份

(3)启示与建议

央企与国企在混改过程中，能为民企提供的主要为银行资源(更低的融资利率、更高的融资上限与更丰富的融资品种)、上市可能、政策支持(对于各种民事诉讼的解决)等优势，方便参与其中的民营成分施展手脚。民企在与国企的合作中依靠国资赋予自己在当地的合理经营权及自己在本地市场的深耕能为国企带来更新的经营理念，使得国民的合作能增长双方的业绩，并提高行业的成长性，这是混改值得鼓励的原因。针对上文提到的混改结构及经营难点，也应当在国民双方合理协商的状态下解决。

针对混改业绩中利润率并没有达到行业最好水平的问题，结合海螺水泥持续引入海外技术以降低成本、提高质量、提升利润的经验，本文提出如下建议：在技术创新上，被并购的民企应凭借国企资源里的自有研究院展开新型加工工艺的研究，更好地贴近环保的需要，降低成本，控制产能。在我国，有关兼并重组的立法与政策存在较大空白，技术不成熟的小型民营企业与政策扶持力度小的大型国企均缺乏主动性。适当的辅以行业性规定与政策更能促进整个行业有序发展，也可被借鉴到其他行业的混改里。国有企业所能提供的大资金带来的海外投资等能力，也应被重组后的企业利用，由其高收益率带动民营资本进入混改。

民企的退出方式值得关注。尽管在中国建材重组历史中没有主动退出混改的民企，但确保民企有保全资本退出的途径可以消除许多民企的后顾之忧，可以借鉴上文中外资、战略投资者逐步转移股权退出的案例。其实，引入战略投资者可适当地降低民企参与混改的风险，为重组后的企业提供更多管理、产品设计、销售上的经验，帮助民企加强对企业的管控。民企在参与混改时，应着重保留其对市场的嗅觉，但须弥补其在管理、技术上可能存在的缺陷，并着力建设一个新的融合型企业文化，使民企与国企能在其中获得相似的目标函数，从而做出不相矛盾的决策，助力混改企业前行。同时还应给予民企后续可以加强合作的承诺与期望，如在民企参与中国建材混改的案例中，北京华辰就与各国企有着多次逐步深入的交流合作。

若要用一句话来总结国企混改中两者发挥的作用，便是“央企实力＋民企活力＝企业竞争力”这句朴实的话语。放眼未来，正如振石集团和中国巨石一直以来的掌门人张毓强所说，在同行业的混改中，以央企为代表的中国大企业至少应该在五个方面起带头作用：第一，国民经济发展的支柱；第二，技术创新的主要平台；第三，带动中小企业发展的火车头；第四，“走出去”的带头人；第五，社会责任的重要承担者。这样才可带动民企不断参与混改。

(三)不同行业混合所有制改革案例——天洋入股沱牌舍得集团

此部分选取沱牌舍得集团的混合所有制改革案例进行分析。沱牌舍得集团花费了十多年的时间进行混改，其前后一共经历了四次混改失败，直到2015年天洋集团的参与才使得混改得以成功地展开，是一个十分典型的国企混改案例。由于天洋集团在参与混改前从未涉足白酒行业，所以本部分将天洋入股沱牌舍得集团视作不同行业之间的混改案例。

1. 沱牌舍得集团混改的行业特点

(1)十八大以来，白酒行业景气度下滑，进入了深度调整阶段

自十八大以来，在国家限制“三公消费”“八项规定”及“六项禁令”的政策背景下，白酒行业景气度下滑，进入了深度调整阶段。一方面，白酒行业随着供给侧改革的推进，其面临的竞争愈发激烈；另一方面，伴随着我国居民消费结构的升级，白酒企业的传统渠道方式、营销模式以及产品结构等亟待变革。面对这样的情况，一线白酒企业由于其品牌优势和资金实力突出，因而具备很强的抗风险能力；但是对于二三线白酒企业来说，由于利润空间受到了大幅的挤压，加上国企的体制不灵活、管理效率低、人事僵化、营销和品牌理念落后等弊病，严重制约着企业的调整适应能力，使得这些企业市场占有份额逐步缩水，经营压力较大。

(2)国家和地方政府鼓励白酒行业进行混合所有制改革

早在2014年，国务院在《政府工作报告》中就提出：加快发展混合所有制经济。同年，四川省委、省政府印发《关于深化国资国企改革促进发展的意见》，明确深化四川省国资国企改革的方向，要求加快国有企业重

组和实现激励约束科学化等。2015 年，四川省政府办公厅印发《四川省人民政府关于促进白酒产业转型升级健康发展的指导意见》，提出积极推进国有企业混合所有制改革，鼓励外部资本投资白酒产业。从国家到省的大政方针，都对国有企业的混合所有制改革指明了方向，扫清了障碍。

2. 混改的目的

(1)业绩下滑、辉煌不再迫使沱牌舍得集团进行改革

沱牌舍得集团有着六十多年的发展历史，其辉煌时候曾被誉为最具群众基础的中国名酒品牌，在 1990—2000 年，其产销量长期位居行业前三，销售额长期位居行业前十，曾创下累计销售 50 亿瓶的业绩。但自 2005 年跌出行业前十以来，沱牌舍得销售增长乏力，2010 年以后则一直在行业二十位之后徘徊。

伴随着沱牌舍得的辉煌不再，其混改之路便随之开始了。在 2003 年，射洪县政府拟将其所持有的四川沱牌集团有限公司(沱牌舍得集团前身)的 100%股权分别转让给江苏兴澄集团有限公司(40%股权)、广州市索芙特有限公司(25%股权)、德隆国际战略投资有限公司(25%股权)和北京北大未名生物工程集团有限公司(10%股权)，但因此次股权转让背后的主要运作者是德隆集团，所以在 2004 年德隆集团破产之后，此次股权转让也随着不了了之，这是第一次混改失败。2008 年初，射洪县人民政府再次提出沱牌舍得集团资产重组事宜，然而因为 5 月份的汶川地震，此次重组又遭搁置，这是第二次混改失败。2013 年，沱牌舍得集团启动第三次改制，射洪县政府拟引进战略投资者对沱牌集团进行战略重组，当时中信证券曾有意投资，但是由于市场、法律时效性等多方面原因，此次改制也一直未能有效推进。2014 年，沱牌舍得集团第四次发布拟引入战略投资者的公告，并在西南联合产权交易所挂牌股权转让方案，但因对受让方要求太高等原因，在经历两次延期后，仍未征集到意向投资者，不得已于 2015 年 3 月 16 日发布公告终止了此次股权转让。

沱牌舍得集团的混改在走过了十多年的曲折路程之后，战略重组已经成其多年的心病，而且公司自身业绩的不佳也使得改革迫在眉睫，所以

在 2015 年 7 月 7 日，沱牌舍得集团股权转让再度挂牌西南联合产权交易所，不过为了吸引更多的投资者，防止上次股权转让失败的情况再现，只能降低转让标准：将对受让方的总资产要求从不低于 100 亿元降低到不低于 40 亿元，并将要求 2011—2013 年连续盈利且每年盈利不低于 2 亿元，改为仅要求 2012—2014 年连续盈利，以期能有投资者接手此次股权转让。

(2)天洋集团拟通过进军白酒行业促进自身文化产业的发展

天洋集团创建于 1993 年，经过十多年的发展，已成为横跨文化产业、科技产业、互联网金融与产业地产四大产业的大型民营企业，其在品牌推广和运营方面有着丰富的资源和超强的跨界资源整合能力。截至 2015 年 6 月 30 日，其总资产为 87.5 亿元，2015 年上半年实现营业收入 28.4 亿元，净利润 8.5 亿元。天洋集团拟通过收购沱牌舍得集团使其成为推广中国文化的优良载体，促进自身文化产业的发展。而且在 2015 年，白酒行业已经随着我国整体经济的转好而逐渐回温，所以说，在此刻进军白酒行业对于天洋集团来说是一个不错的战略选择。

因此，在 2015 年 8 月 19 日，天洋集团以实际出资额 38.22 亿元，累计获得沱牌舍得集团 70%的股权，成为沱牌舍得的第一大股东。2015 年 11 月 2 日，天洋集团与射洪县人民政府正式签署了股权转让及增资扩股协议，标志着沱牌舍得集团的混改正式拉开了帷幕。

3. 过程分析

(1)引入战略投资者，进行资产重组

天洋集团参与沱牌舍得集团混改的方式是引入战略投资者，进行资产重组。具体方案是，天洋集团以每股 23.51 元的价格购入 38.78%的沱牌舍得股权，同时对沱牌舍得集团增持 11 844 万股，最终以实付金额 38.22 亿元，取得沱牌舍得集团 70%的股份，实现绝对控股，剩下的 30%股权则由射洪县人民政府继续持有。此次改革之后，射洪县政府从身为沱牌舍得集团的实际控制人退到参股方，政府不再参与经营，只是继续分享相应股权的收益。

(2)对公司高层换血,从顶层进行重新设计

在天洋集团入股沱牌舍得集团半年后,对公司高层,包括董事、监事层面进行了换血,以从顶层进行重新设计。虽然被选拔出担任沱牌舍得总经理的周政、副董事长刘力等新任领导,无一人有过白酒行业相关工作经验,但为了重塑公司管理理念、营销理念等,变革原本的僵硬管理机制,还是进行了换血,体现了天洋集团重振沱牌舍得集团的决心。而且这次换血并不涉及公司市场部、销售部、渠道扩展部等业务部门的人员,从而保证公司的正常运营不受干扰。

(3)革新产品定价、营销策略

此外,天洋集团对沱牌舍得原来的产品定价、营销策略等等都进行了革新。首先,产品定位方面,用全新单品天曲、特曲、优曲替代原有沱牌低端产品,并对沱牌和舍得两个品牌进行差异化营销,致力于将舍得打造为一流的高端白酒品牌,价格定位于 400 元以上,将沱牌打造为大众名酒领导品牌,价格定位于 250 元以下,重点打造高毛利率、市场需求旺盛的战略单品,而对 1 000 多个与品牌定位不符、形象差、利润差的产品全面停止生产。其次,营销策略方面,一改长期以来的多头指挥的低效率管理模式,以专业调研及策划取代少数人的判断,实施精细化营销,同时扩充销售人员,建立年轻化、知识化、专业化的营销团队,提升服务客户的水平。

4. 沱牌舍得集团混改结果和评价

(1)增收更增利

在天洋集团入股沱牌舍得集团之后,2016 年,沱牌舍得集团实现销售收入 14.61 亿元、利润 8 019 万元,分别同比增长 26.42%、1 025.11%,一举扭转了自 2013 年以来利润低迷的局面。2017 年第一季度到第三季度,沱牌舍得集团实现营业收入 12.43 亿元,同比增长 13.1%,利润 9 547 万元,同比增长 74.2%(见图 3.8)。

(2)分红可观,股价涨幅明显

按上述混改方案计算,天洋集团持有沱牌舍得集团的 70%股份,射洪县人民政府持有沱牌舍得集团 30%股份,而沱牌舍得集团持有沱牌舍

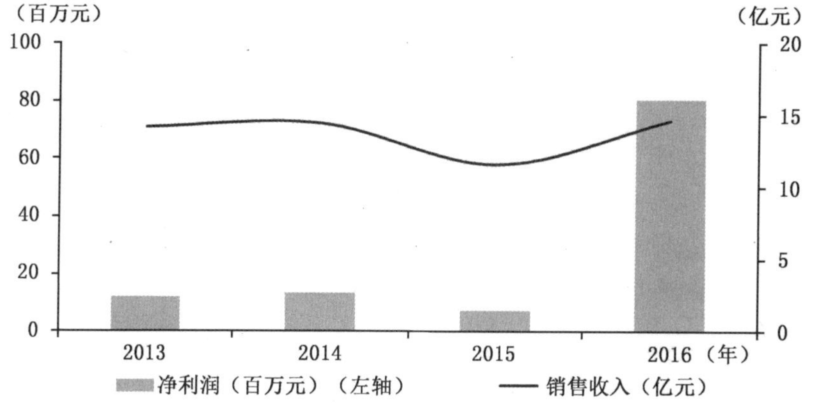

图 3.8　沱牌舍得 2013—2016 年销售收入及净利润

得(股票代码 600702)29.85%股份(见表 3.18),所以天洋集团实际持有沱牌舍得 20.89%的股份,按相应比例享有沱牌舍得股利分红。

表 3.18　　沱牌舍得 2016—2017 年分红数据

分红日期	沱牌舍得（万）	沱牌舍得集团（29.85%）	天洋集团（20.89%）
2016/8/26	337.30	100.68	70.48
2017/5/18	2 428.56	724.93	507.45

虽然从目前来看,沱牌舍得给天洋集团带去的直接收益相对较少(源于留存率高达 69.72%),但是从发展趋势来看,沱牌舍得扭亏为盈,并且净利润稳健增长,这对于天洋集团整体价值和市场认可度的提升大有裨益,对于天洋集团深入白酒行业、进一步参与国企混改创造了一个良好的开端。

而且从股价的角度来看,天洋集团入股沱牌舍得集团时的股价(2015 年 8 月 20 日)为 23.4 元,截至今日(2018 年 2 月 13 日)沱牌舍得集团的 37.95 元,增幅 62.18%,其股价峰值曾至 51.52 元(2018 年 1 月 23 日)。可以看到,沱牌舍得集团在混改之后的财务表现还是受到市场认可的。

(3)品牌声誉鹊起

2017 年 6 月 22 日,在北京举行的第十四届"世界品牌大会"上,沱牌、舍得双品牌连续 13 年入选中国 500 最具价值品牌榜,"沱牌"品牌价值为 309.65 亿元,比 2016 年增长了 50.95 亿元;"舍得"品牌价值为 220.36 亿元,比 2016 年增长 57.81 亿元。可以看到,天洋在沱牌舍得集团的产品、渠道、营销、团队等方面一系列大刀阔斧的改革成效十分显著。天洋控股不仅使沱牌舍得给出了一张漂亮的财报成绩单,更是使得沱牌舍得这个品牌重新回到了公众视野。

5. 混改中的难点分析及解决措施

射洪县政府对混改参与方天洋集团提出了诸多要求,首先是盈利目标,在 2018 年,沱牌舍得集团销售收入力争实现 50 亿元,税收 10 亿元;2020 年,沱牌舍得集团销售收入力争实现 100 亿元,税收 20 亿元。其次是员工安置方面,天洋集团需解决沱牌舍得集团的员工安置问题。此外还有一些其他约束,包括加强舍得品牌保护、公司相关税缴留在当地等。

(1)盈利目标高企,实现难度较大

2016 年沱牌舍得集团实现销售收入 14.61 亿元,2017 年三季报显示实现销售收入 12.43 亿元,同比增长 13.11%,按此增幅计算,2017 年销售收入可实现销售收入 16 亿元以上。根据公司发布的 2017 年业绩预告,预计 2017 年沱牌舍得集团可实现净利润 1.3 亿元到 1.6 亿元,同比增长 62.1%到 99.5%,按此增幅计算(乐观计算)2017 年沱牌舍得集团最多实现 30 亿元销售收入。这些都远远达不到射洪县政府制定的 2018 年实现 50 亿元销售收入,2020 年实现 100 亿元的销售收入的计划。

这一块只能寄希望于射洪县政府制定的该盈利目标是个软约束,不会因为天洋集团无法帮助沱牌舍得实现目标,而使混改出现变故,无谓地增加天洋集团的负担,影响沱牌舍得集团的可持续发展。

(2)"国企员工"安置艰难

同其他许多国企混改一样,"国有员工"安置问题也是沱牌舍得集团的痛处。沱牌舍得完成企业改制后,将由现在的沱牌舍得集团与员工解除劳动关系并支付经济补偿金，并由股东变更后的沱牌舍得集团与员工签署新的劳动合同。这样在前一个环节中，正式员工和其他临时聘用工的补偿标准、补偿金额以及对社保公积金的清算补缴则成了争议的焦点；而且因为沱牌舍得集团的历史遗留问题较多，包括欠缴公积金、员工福利费产权办理不到位等，都加大了此番职工安置的难度。最终导致了 2016 年 4 月初沱牌舍得集团的员工罢工事件，最后还是主要通过沱牌舍得集团自身对问题进行了解决。这不仅影响了企业的正常生产，而且对混改结果评价也带来了负面影响。

6. 启示与建议

沱牌舍得集团的这次混改，虽然起初因为天洋集团这一名不见经传的外行参与而饱受质疑，但是最后因为交上了一份不错的财报而受到社会的认可，并被称为打响了四川酒类企业改制的第一枪。

(1)沱牌舍得集团混改成功的重要原因是民营资本取得了控股权

这包括了股权结构上的控股权和经营管理上的话语权和主导权；民企在参与国企混改过程中持有多数股份时要毫不隐晦地争取控股权和管理权，充分发挥民营企业的效率优势，保证改革落到实处，最大化改革效果和各方利益。天洋集团持有了沱牌舍得集团 70%的股份，是第一大股东。当地政府虽然持有 30%股权，但是其并不参与企业的生产经营决策。而且天洋集团入股后，能够对企业高层管理者进行换血，重新进行顶层设计，这为企业后续的全面改革打下了坚实的基础。否则，若沱牌舍得只是单纯地引入私人资本，在企业资本结构上体现了入股，在经营管理上战略投资者却没有绝对话语权，那么国企混改就只会流于形式，实现不了根本性的变革，无法使企业走出困境，实现新的发展。

(2)国企主管部门不该设置不切实际的盈利目标，以免增加民企的负担

国企主管部门盈利目标的设定不尽合理，是很多国有资产拥有方、相关政府的不当之举，因为需要进行混改的国企多数都是经营出现了问题，业绩不及预期，这时将所有要求施加于参与混改的民企身上，指望民企力

挽狂澜，这无疑有点推诿责任，强加利益诉求，而且这不仅会抑制民企参与混改的动力，也会增加参与混改的民企的压力，不利于混改的良性进行。沱牌舍得集团在2014年的营业收入只有14.45亿元，2015年第一季度还同比下滑，只有3.15亿元，在这样的背景下，射洪县政府却给投资者设定了2018年实现50亿营业收入的目标，这无疑太过夸大，只会成为投资者的负担，如果是个硬约束，还可能使得投资者剑走偏锋，追逐损害品牌的短期盈利行为。

(3)员工安置问题不该只由民企买单

员工安置问题也是参与混改的民企的负担。因为员工安置问题应该是原国企的遗留问题，或者说是当地政府的问题，就算随着控制权的转移，投资方需要承担一部分责任，但也不该是投资方全盘承担。当地政府应该在协调员工纠纷、员工补偿等方面给予相关支持，以使得投资者能更专心于企业运营方面的革新，促进国有资产的保值增值。

(四)传统垄断行业混合所有制改革案例

我国是社会主义国家，推行的是社会主义市场经济体制，在国民经济中居于主体地位的是国有经济，因为体制的特征，诞生了一些国家垄断行业，如石油、电力、铁路、通信、军工等行业。起初，国家调配各种优势资源，能够降低成本、提高效率，并可以重点建设一些关键行业，支撑其迅速发展。但是随着市场的扩容、现代市场体系的建立，传统的国家垄断模式已经不复当年的高效益，结构调整显得十分必要。为此，国家出台了一系列文件鼓励相关国企进行混合所有制改革，掀起了一波国企混改的潮流。本节主要从传统垄断的运输行业中选取杭绍台高铁项目来进行分析，同时将补充分析军工行业的混改现状，来探索传统垄断行业的混改情况。

1. 杭绍台高铁项目的行业特点

(1)典型的传统垄断行业，建设资本庞大，周期长

铁路是国家重要的基础设施和民生工程，尤其是高铁愈发地成为居民出行的重要交通工具。我国高铁虽然在近几年发展迅速，成绩斐然，但是从高铁线路的分布和数量来看，还是远远不够满足消费需求。这一方

面是因为高铁建设需要整体的长期规划，施工周期比较长；另一方面也是因为高铁的建造成本大，利润收回期限长，政府资金运作已经无法满足市场的需求，而且为了革新传统国家垄断模式的低效益，将高铁行业向部分民营资本开放显得尤有必要。

杭绍台高铁项目是中国首条民营资本控股的高铁，是铁路行业以PPP模式进行混改的典型案例。该项目预计总投资超过400亿元，其中由复星集团牵头组建的民营联合体占股51%，这是民营资本在中国铁路投融资领域中首次实现控股地位。

(2)政策支持铁路行业进行混合所有制改革

早在2005年，铁道部就曾发文鼓励民资进入铁路行业，但是多年来一直收效甚微。2015年，国务院发布了《关于国有企业发展混合所有制经济的意见》，明确了将铁路作为推进混合所有制改革七大试点领域之一。2017年初，中国铁路总公司(原铁道部)党组书记、总经理陆东福表示要“推进铁路资产资本化经营，开展混合所有制改革，加大综合经营开发力度，努力提高铁路企业经营效益”，争取铁路领域的混改在2017年迈出实质性步伐。2017年，杭州规划拟引入6条高铁路线，致力于把杭州打造成“高铁之城”。

(3)混改目的

①推进高铁行业发展，减轻中国铁路总公司的负担。由于市场对高铁行业的需求日趋旺盛，高铁行业又有着建设资本庞大、周期长的问题，单单依靠中国铁路总公司的资金建设高铁，只会造成效率低下，并且会加重中国铁路总公司资产负债表的负担。

中国铁路总公司(下称“中铁总公司”)原为中国铁道部，在2013年因为实行政企分开而组建成立，注册资金10 360亿元。目前中铁总公司下辖18个路局、3个专业运输公司，3个事业单位及其他15个企业。截至2016年底，中铁总公司的总资产达7万多亿元，负债4万多亿元，负债同比增长15%，其中高铁资产和负债占其整体资产和负债的60%以上。尽管中铁总公司的资产负债率高达65%，面临着高负债压力，中铁总公司的投资建设步伐却并未放慢。2016 年全国铁路行业固定资产投资完成 8 015 亿元,投产新线 3 281 公里,新开工项目 46 个,新增投资规模 5 500 亿元。此外,中铁总公司还提出 2017 年继续投资 8 000 亿的计划。

与中铁总公司大手笔的投资不相匹配的是,中铁总公司的营收情况并不乐观。2016 年,中铁总公司营业收入为 9074.48 亿元,而净利润仅有 10.76 亿元。往年情况也不大好,2015 年净利润为 6.81 亿元,2014 年为 6.36 亿元,而且具体结合财务报表来看,第一季度到第三季度的利润都比较低,多数为亏损,只有第四季度得到国家补贴时利润才会转正,所以中铁总公司基本上都在靠国家的补贴来扭亏为盈(见图 3.9)。

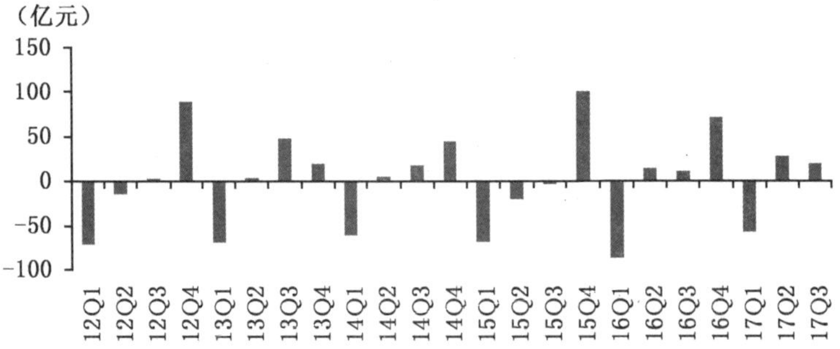

图 3.9　中铁总公司季度净利润

②通过参与首批引入社会资本的铁路项目,实现复星集团的进一步发展。复星集团创建于 1992 年,作为一家致力于成为全球领先的专注于中国动力的投资集团,其先后投资了上海豫园、南京钢铁、中国医药集团等多家国企,有着丰富的参与国企混改的经验。截至 2016 年底,复星集团总资产达到 4867.8 亿元,同比增长 19.5%,实现净利润 102.68 亿元,同比增长 27.7%。不管是自身规模,还是经营业绩,复星集团都是民企中的佼佼者。而杭绍台高铁项目作为国家首批引入社会资本的 8 个铁路示范项目之一,同时也是复星集团进一步发展的重大机遇。2017 年 9 月 11 日,浙江省政府与复星集团牵头的民营资本联合体正式签署了杭绍台铁路 PPP 项目投资合同,开启了民营资本进入铁路行业的新篇章。

(4)过程分析

杭绍台铁路 PPP 项目由浙江省政府、绍兴市政府、台州市政府、中国铁路总公司与复星集团牵头的民营联合体共同实施。该项目预计总投资约为 409 亿元,项目资本金约占总投资的 30%,其中民营联合体持股 51%,中国铁路总公司持股 15%、浙江省政府持股 13.6%、绍兴和台州市政府合计持股 20.4%。

项目合作期限 34 年,其中建设期 4 年,运营期 30 年。合作模式采用建设—拥有—运营—移交(BOOT)方式,由项目公司负责融资、建设、运营和维护,并拥有相关资产所有权,合作期满后无偿移交给地方政府;具体实施方面,由复星集团旗下的上海星景股权投资管理有限公司负责。

2. 杭绍台高铁项目结果和评价

(1)财务评价

对地方政府而言,杭绍台高铁 PPP 项目首先顺利地解决了建设资金的问题,并将高铁运营初期亏损的财务负担部分转移给了民营资本,大幅降低了地方政府的财政开支。

对于复星集团而言,这却代表着大额的初始投资和漫长的投资回收期。复星集团测算,杭绍台铁路全部收回投资大概需要 30 年的时间。而杭绍台高铁的特许经营期限也仅为 30 年,单单从项目本身而言,这对于复星集团等民营联合体来说并不算是一个优质的投资项目。

(2)经济评价

对地方政府而言,通过民营企业规范、高效、灵活的市场化运营机制,能够提高项目的运营效率、扩大运营收益;另外,此 PPP 项目不仅便捷了当地的交通,而且吸引了优质民营资本的参与,对于当地经济的发展大有裨益。

对于复星集团而言,该项目所拥有的附加效应具备诸多价值,比如复星集团可以利用该线路拓展自己的物流和商业开发等空间,从而获得项目外的投资价值;并且该项目也是复星集团与中铁总公司后续合作、深度参与中国铁路投融资改革的契机。这也是很多民企参与国企混改的动力或者说盈利着眼点之一，因为就参与国企混改的单个项目而言，短期内很难获得直接收益，更多的是追求一种中长期的战略规划收益。

3. 混改的主要问题

(1)难点分析及解决措施

杭绍台高铁项目作为一个 PPP 项目，实际运营模式是 BOOT(建设一拥有一运营一移交)，也就是说，复星集团牵头的民营资本在其中主要起到了初期建设维护和短期经营的权利，并没有实质性拥有这条高铁线路，因此该项目的有限现金流不具有诱人之处，缺乏永久产权的保障容易使得许多民企在类似的铁路行业混合所有制改革面前驻足不前。本文认为，后续的高铁项目，在产权落实方面应给予民企更多的保障。

(2)启示与建议

从整个项目而言，杭绍台高铁通过 PPP 项目引入民间投资，既能让铁路的组织方式、开发模式更加多元，推动铁路项目的自主定价、建设与运营相分离，给中铁总公司的业务调整提供借鉴，又能借用民营企业的整合能力让公用事业的资源配置更加科学、更加高效。同时该 PPP 项目的成功实现，能够拓宽铁路投融资渠道，带动更多的社会资本投资铁路，从而为铁路行业的混改注入更多的活力。

但是杭绍台高铁项目采用的 BOOT 经营模式也有不尽合理之处。民营资本只是短暂地拥有经营权，会使得民营资本参与混改的热情和经营管理的积极性大打折扣。铁路投资项目本来就投资大回报周期长，如果还没有完全产权的保证，无疑会使多数民营资本心存顾虑，驻留在铁路行业混改大门之外。

4. 军工企业混改前景

(1)中兵工集团混改现状

军工企业，也是 2015 年国务院划定的混合所有制改革七大试点领域之一。截至 2017 年 4 月份，发改委已经通过了两批一共 19 家国企混改名单，其中军工领域就有 7 家企业，国家对军工企业混改的重视可见一斑。而作为中国两大武器装备制造企业之一，拥有子集团和直管单位 46

家、下属上市公司11家的中国兵器工业集团在2017年初，印发了《中国兵器工业集团公司关于发展混合所有制经济的指导意见》，表示集团将按照完善治理、强化激励、突出主业、提高效率的要求，在军工等国家重点领域迈出实质性的改革步伐。

目前，中国兵器工业集团(下称“中兵工集团”)正积极稳妥地在其旗下7家企业开展混合所有制改革，主要涉及凌云工业股份有限公司、内蒙古第一机械集团公司、江南红箭(现为中兵红箭)、千寻公司等。具体而言，中兵工集团在5家市场化程度较高、以民品为主的子集团板块开展职业经理人公开竞聘试点，对凌云股份的董事、高管和骨干员工实施股权激励，在千寻公司、中兵康佳探索三级企业管理层股权期权激励。

总的来说，中兵工集团在积极地推动完善现代企业制度，促进企业转换经营机制；同时加快推进集团内部的资产重组，将集团相关资产注入下属上市公司之中，促进资产的证券化；以此致力于推动各种所有制资本取长补短、相互促进、共同发展，实现国有资本的保值增值。

(2)军工企业混改方式分析

军工企业的混改方式主要包括员工持股、核心资产证券化和非核心业务方面的军民融合。

首先，军工企业相较于其他垄断行业而言，仍有不少优质资产未进入上市公司，资产证券化空间巨大，像中兵工集团等军企都纷纷将其核心资产注入到其下属子公司中实现上市。

其次，军工企业混改将会在员工持股等激励措施方面进行突破，员工持股不仅涉及员工的积极性，还涉及股权结构的调整，对于军企混改有着打破僵局的推动作用；而且从国外军工体制的经验来看，通过行之有效的激励措施将科研人才聚拢起来，能够形成强大的国防体系。

最后，非核心业务方面的军民融合，这是军企混改空间最广阔的地方，也是目前军企混改能够有效引入社会资本、实现各种所有制资本取长补短之处，亦是民企参与军企混改的主要方向。通过民参军，使得民营企业能够通过外延式并购和业务合作等方式参与军工行业，从而发挥民营资本在提升效率效益方面的独特优势，实现国有资本的放大。

(3)军工企业混改展望

军工企业的混合所有制改革有利于提升军工企业的运作效率。我国军工企业因为缺乏制衡机制和激励机制，股权结构集中，平均主义倾向严重，导致企业效率很低，而通过混改实现员工持股、建立现代企业制度，能够有效解决这一问题。同时，军工企业混改有望打破军工集团对我国军工产业的垄断格局，通过逐步引入社会资本的参与，加强民参军的军民融合，可以促进军工行业的竞争和激励，提升我国军工产业的整体效益。经统计测算，国有股东合计持股比例超过50%的军工类上市公司总市值约为6 000亿元，这批公司若有一定幅度的股权混合所有制改革，引入的外部资金规模将达到千亿级别。

2018年9月18日，国家发改委公开了八部委与2017年11月联合制定的《关于深化混合所有制改革试点若干政策的意见》，意见指出要积极探索中央企业集团公司层面开展混合所有制改革的可行路径，由国务院国资委审核央企提出的申请改革试点方案，按程序报国务院批准后开展试点，鼓励探索解决集团层面混合所有制改革后国有股由谁持有等现实问题的可行路径，积极支持各地省属国有企业集团公司开展混合所有制改革。

总之，军工企业混改在2018年加速落地，参与混改的军工企业的数量和规模都十分庞大，涉及中船重工集团、中船工业集团、中国兵器工业集团和中国兵器装备集团等多家老牌军工集团；同时，伴随着军工企业核心资产的上市，将会掀起一波改革热潮并引起市场的广泛关注，所以军工企业混改的前景十分可观。

参考文献

[1]李扬，李平，李雪松，张平. 经济蓝皮书：2015年中国经济形势分析与预测[M]. 北京：社会科学文献出版社，2014.

[2]国家行政学院经济学教研部. 中国经济新常态[M]. 北京：人民出版社，2014.

[3]姚余栋,李宏瑾.梅花与牡丹:中国经济新常态下的消费崛起[M].杭州:浙江大学出版社,2014.

[4]巴曙松,刘少杰,杨倞,等.新常态下的大资管转型[M].北京:中国人民大学出版社,2014.

[5]胡舒立.新常态改变中国[M].北京:民主与建设出版社,2014.

[6]龙永图,白岩松.中国,再启动[M].南京:江苏文艺出版社,2014.

[7]宋文阁,刘福东.混合所有制的逻辑[M].北京:中华工商联合出版社,2014.

[8]中共中央党校经济学教研部.中国经济新常态[M].北京:新华出版社,2014.

[9]陈元.大碰撞2014:CF40－PIIE共论全球经济新常态[M].北京:中国经济出版社,2014.

[10]刘世锦.在改革中形成增长新常态[M].北京:中信出版社,2014.

[11]中共中央,国务院.关于深化国有企业改革的指导意见.2015.

[12]平新乔.新一轮国企改革的特点、基本原则和目标模式[J].经济纵横,2015(2):1－6.

[13]金碚.再论国有企业是特殊企业[J].中国工业经济,1999(3):5－10.

[14]厉以宁.中国道路与混合所有制经济[J].中国市场,2014(6):4－11.

[15]黄速建.中国国有企业混合所有制改革研究[J].经济管理,2014(4):1－10.

[16]朱天.公司治理、国企改革与制度建设[J].经济研究,1998(1):47－51.

[17]孙效良.论企业法人制度[J].经济研究,1994(3):15－19.

[18]崔新健,杨智寒,郑勇男,章东明.民营企业现代企业制度建设现状及其竞争力——基于北京市民营企业样本的研究[J].经济体制改革,2017(5):88－95.

[19]程民选,龙游宇,李晓红.中国国有企业制度变迁:特征及经验总结[J].南开经济研究,2008(8):9－13.

[20]李跃平.回归企业本质:国企混合所有制改革的路径选择[J].经济理论与经济管理,2015(1):22－25.

[21]大成企业研究院课题组.民营企业有效参与混合经济改革发展若干建议[J].经济研究参考,2015(25):21－30.

[22]金碚,刘戒骄,刘吉超.中国国有企业发展道路[M].北京:经济管理出版社,2013:39－45.

[23]程志强．国有企业改革和混合所有制经济发展[M]. 北京:人民日报出版社,2016:55—59.

[24]中国企业创新发展研究基地,上海财经大学500强企业研究中心．国有企业改革与创新发展研究报告[M]. 上海:上海财经大学出版社,2016:1—39.

[25]李亚．民营企业公司治理[M]. 北京:机械工业出版社,2006:1—37.

[26]李鑫生．山东民营经济前沿问题研究[M]. 济南:山东人民出版社,2004:10—47.

[27]陈永杰等．民营企业发展与混合经济改革[M]. 杭州:浙江大学出版社,2016:89—199.

[28]郑军．混合所有制经济发展调查[M]. 武汉:湖北人民出版社,2015:118—127.

[29]宋文革,刘福东．混合所有制的逻辑——新常态下国企改革和民企机遇[M]. 北京:中华工商联合出版社,2014:80—192.

[30]蓝定香,张琦．新时期大型国企产权多元化改革的难点与对策[J]. 经济纵横,2013(3):49—53.

[31]吕惠明．民营企业的特点及管理创新探讨[J]. 商场现代化,2007(4):177—178.

[32]张兆国,陈华东,郑宝红．资本结构视角下国企混合所有制改革中几个问题的思考[J]. 宏观经济研究,2016(1):86—92.

[33]郑志刚．国企公司治理与混合所有制改革的逻辑和路径[J]. 证券市场导报,2015(6):4—11.

[34]杨红英,童路．论混合所有制改革下的国有企业公司治理[J]. 宏观经济研究,2015(1):42—51.

[35]陈玉罡,莫夏君．后股权分置时期公司控制权及其私有收益之争——基于鄂武商的案例研究[J]. 审计与经济研究,2013(4):104—112.

[36]李翊萌．国企改制重组中的跨文化冲突与融合[J]. 企业文明,2012(8):63—64.

[37]齐二石．国企重组中文化冲突整合理论与实证研究[D]. 天津:天津大学,2014.

[38]李钰,宋知程．国企混改的隐性难点与机制冲突[J]. 企业管理,2017(7):8—12.